Antologia concorso letterario "Sulle tracce di Avalon"
3ª edizione

Editing libro e copertina: Roberto "Banny" Mandato - APS AVALON
Illustrazione copertina: Daniele De Crescenzo - Scuola Grafica Salernitana

Copyright © <2020> by <Associazione Avalon>

Tutti I diritti riservati. Questo libro e ogni sua parte non può essere riprodotta o utilizzata per altri scopi senza il permesso dell'autore ad eccezione di recensioni in riviste o giornali scolastici.

Data prima pubblicazione: <2021>

Salerno, Italia 84100

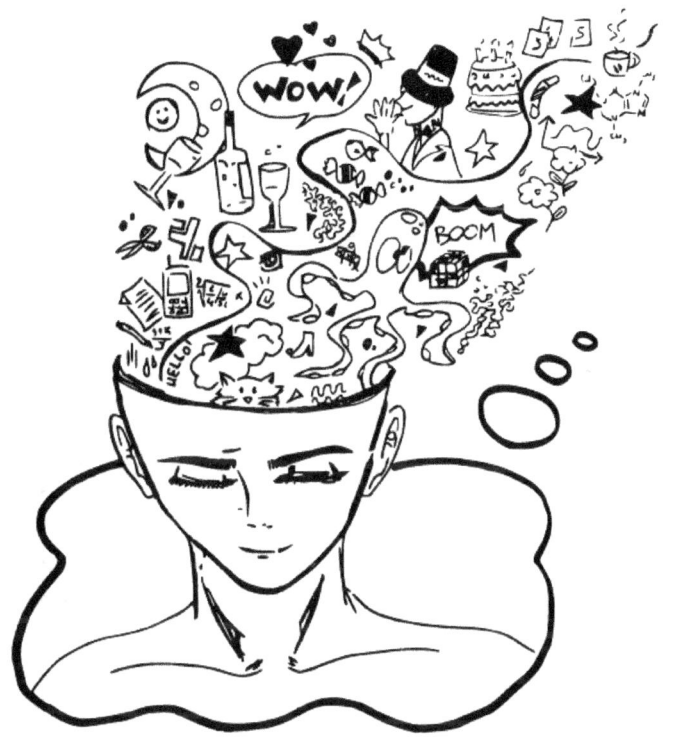

"Se la mente corre, prendi un foglio e scrivi"
Laura Costarella

INDICE	Pag.
• Prefazione	1
• Racconti da Avalon	4
• Racconto vincitore	
◦ Tonia Rotondo: Un'ottima annata	22
Racconti selezionati:	
• Andreina Moretti	
◦ Gli angeli esistono	30
◦ Mi chiamo Sibilla	34
• Ilaria D'Alconzo	
◦ Ulysses	38
• Annamaria Di Felice	
◦ Il vecchio che insegnò di nuovo ad amare	43
• Sara Del Vecchio	
◦ Il mondo all'angolo	47
• Tonia Rotondo	
◦ Il virus della verità	51
• Roberto Gulminelli	
◦ Audience	56
• Simonetta Borghi	
◦ Super Ciccio	61

• Elena Battipaglia	
◦ L'angelo custode	65
• Luana Vitaliano	
◦ Il fiore di seta	69
• Vladimir La Corte	
◦ I guardiani di Avalon	74
• Antonio Forestieri	
◦ La leggenda di Kelsien il solitario	78
• Antonietta Guadagno	
◦ C'era una volta un pianeta azzurro	82
◦ Il mostro invisibile	85
• Valerio Pelling	
◦ Aiden	89
Partner:	
• Comune di Pontecagnano-Faiano	96
• Polisportiva Salerno Guiscards	97
• Vela - Centro Servizi Sociali	98
• Kuro Ryu	99
• A.C. Scuola Grafica Salernitana	101
"Sulle tracce della fantasia":	
◦ Presentazione	106
◦ Lista autori / disegni	108
◦ Illustrazioni	109

"Un futuro da scrivere
un presente tutto da leggere"

Prefazione

Questo 2020 ci ha messi tutti alla prova. Siamo stati divisi, poi uniti, poi divisi ancora. È per questo motivo che, alle porte del 2021, proviamo di nuovo a riunire tutti gli scrittori nell'augurio sincero di un futuro ritorno al passato e a quella felice normalità che noi stessi
ignoravamo di avere, riproponendo quindi il tema della prima edizione del concorso letterario "Sulle tracce di Avalon". Tuttavia, poiché il nostro futuro è ancora da scrivere, aggiungiamo una nuova incognita.

Proposta 1. L'unica limitazione imposta consiste nell'inserimento, all'interno del testo del racconto, la parola "AVALON": potrà trattarsi del nome del protagonista, o anche di quello di un personaggio secondario; può essere un semplice soprannome o magari l'insegna affissa sulle porte di un bar; può essere un luogo, un oggetto, una persona, un animale o persino un'idea; può comparire anche una sola volta all'interno della storia o rappresentare una costante.

Proposta 2. In virtù della pandemia che stiamo tutti vivendo, il tema del racconto dovrà riguardare "le conseguenze di un virus" nella sua accezione più ampia. Potrà trattarsi di qualsiasi tipologia di virus (ad esempio un virus informatico, influenzale, metaforico, ecc.) e potrà essere raccontato in qualsiasi modo (ad esempio un viaggio nel tempo per impedire/favorire il diffondersi del virus, la convivenza con esseri mutati dal virus, ecc.), spaziando in ogni genere letterario esistente e non.

RACCONTI DA AVALON

CORRIERE ESPRESSO
di
Laura Costarella

Parcheggiò la sua bicicletta davanti al cancello senza nemmeno tirar giù il cavalletto. D'altronde, si trattava di una sosta rapida, come al solito: avrebbe bussato al citofono, depositato il pacchetto nelle mani del proprietario di casa, ottenuto una sua firma per l'avvenuta consegna e poi via. Di nuovo a sfrecciare sulla sua ecologica due ruote, pronto per la prossima avventura. Sebbene non fosse propriamente entusiasta di quel lavoro, a Klaus non dispiaceva affatto pedalare per tutto il giorno in giro per la città: si teneva in forma facendo molto movimento, respirava aria più o meno pulita, imparava a conoscere tutte le strade, ma soprattutto era il primo ad accorgersi delle prime foglie che cadevano in autunno. Un privilegio non da pochi.

Bussò al citofono, anche se il cancello era aperto, e attese una riposta. Klaus... che buffo nome per un corriere espresso! L'uomo che, come Babbo Natale, consegnava i doni a tutti i bambini buoni. Solo che lui non aveva idea di che cosa ci fosse in quei pacchetti, perché questo Klaus, a differenza di quell'altro che invece abitava al Polo Nord, si limitava solo a consegnarli su una bicicletta marchiata con il logo giallo e verde della Compagnia di consegna espressa Avalon, che – guarda caso – sembrava proprio il disegno stilizzato di una renna.

Il proprietario di casa non rispondeva al citofono, così che Klaus fece capolino dal cancello aperto. Con la piccola scatola di cartone da imballaggio piantata sotto al braccio, attraversò il cortile e si piantò davanti alla porta di casa. Era sul punto di bussare al campanello, ma si fermò un po' perplesso appena vide che anche la porta era aperta. Socchiusa, per la verità. Come se qualcuno l'avesse dimenticata così perché magari era entrato di fretta avendo sentito che il telefono squillava o perché aveva due grosse e pesanti buste della spesa che richiedevano entrambe le mani per essere trasportate abbastanza urgentemente sul tavolo della cucina. Oppure era solo un invito ad entrare. Del resto, Klaus non poteva perdere troppo tempo, aveva altre consegne da effettuare. E, da quando era stato assunto dalla Compagnia, era stato sempre in perfetto orario.

«Permesso...?» chiese quindi, ficcando la testa dentro la casa e aprendo sempre un po' di più la porta. «C'è qualcuno? Sono il corriere, devo consegnare un pacco!»

Fece un passo ancora, entrando in quello che doveva essere il soggiorno. Semplice, ordinato, ben arredato, con una scaffalatura ripiena di libri. A destra si intravedeva la cucina. E forse un'ombra che si muoveva, magari il padrone di casa che era vecchio e un po' duro d'orecchi. Avvicinandosi sempre di più, si accorse che c'era davvero qualcuno in cucina: il tavolo in mezzo gli impediva di avere una buona visuale, ma c'era certamente un uomo là dentro – che alla fine dei conti non sembrava così anziano come si era aspettato –, gli vedeva appena la testa, ed era seduto sul pavimento, stranamente immobile e silenzioso. Aveva in mano qualcosa, ma c'erano le gambe di una sedia che lo coprivano e il ragazzo della Compagnia di consegna espressa Avalon non aveva idea di che diavolo stesse succedendo.

Tuttavia, appena si spostò di un altro passetto e Klaus poté assistere al quadro completo, il pallore invase immediatamente il suo viso, le parole gli si bloccarono in gola, i pensieri gli si freddarono nella testa così come parte del cuore, che gli si congelò per un attimo prima di riprendere a battere all'impazzata, simile a tamburi suonati con follia da qualche demone dell'inferno. Il pacco da consegnare era ancora lì, al sicuro, ben sistemato sotto al braccio anch'esso irrigidito per la paura.

C'era una donna distesa sul pavimento. Non sapeva se fosse caduta a causa di un momento di fatale disattenzione oppure se fosse stato addirittura qualcuno ad ucciderla, perché c'era del sangue su quelle mattonelle lucide e lei non si muoveva nemmeno di un millimetro.

Finalmente l'uomo seduto a terra si accorse di Klaus. Lo guardò intensamente per un attimo, ancora in religioso silenzio – quasi stesse terminando di recitare nella propria mente l'ultima strofa di una preghiera dedicata alla moglie defunta –, poi sollevò la pistola che aveva nella mano – ecco dunque che cosa era tenuto occultato dal legno scuro della sedia! –, la puntò dritta verso la direzione del povero Klaus ed infine disse: «Se provi a scappare, ammazzo anche te!»

Anche se avesse avuto pieno controllo dei propri muscoli intirizziti dal terrore, Klaus dubitava che avrebbe tentato di scappare davanti a un pazzo con una pistola in pugno. Rimase quindi in piedi, lì, fermo, in attesa che qualcosa si muovesse, sperando prima o poi di uscire vivo da quella casa in cui chiaramente era stato commesso un omicidio. Non aveva intenzione di diventare la seconda vittima di quell'assassino, ma che cosa doveva fare per riuscire ad impedirlo? Sapeva solo di dover mantenere la calma, eppure... era così dannatamente difficile, accidenti!

«Chi sei?» chiese l'assassino sul pavimento. Più che una domanda, sembrava un ordine. Il punto interrogativo della frase si era perso nel tono secco delle sue corde vocali.

Non era possibile rifiutare di rispondere, per cui Klaus fece appello a tutto il suo coraggio e disse, la voce che gli tremava come una foglia scossa

dalla tramontana: «Sono il corriere... Devo consegnare un pacco! Posso lasciarlo qui, se vuole, e poi tolgo subito il disturbo...» e al diavolo la firma per attestare l'avvenuta consegna! Sarebbe corso a chiamare la polizia, altroché!
«Sei in perfetto orario... Come ti chiami?» fece ancora l'assassino di mogli.
C'era qualcosa nell'aria. Si percepiva uno strano odore, una lieve puzza di bruciato. Forse era l'odore del sangue che si mescolava al sudore dell'uomo, o magari al suo, visto che ormai tutta la pelle era ricoperta da una fredda e fastidiosa patina di terrore.
Il suo nome gli uscì timoroso dalle labbra: «Klaus...»
Puzza di bruciato. Ecco cos'era: la pentola ancora sul fuoco stava fumando, eppure all'uomo con la pistola non sembrava importare proprio nulla. Era pericoloso, però. Le tendine accanto alla finestra potevano prendere fuoco.
«Klaus...» ripeté quello, come a tastare la verità di quella parola. «Strano nome per un corriere espresso!»
«Lo so, me lo dicono tutti...» biascicò il ragazzo, con il cuore che probabilmente lo avrebbe condotto all'infarto se non fosse riuscito a calmarsi almeno un po'. Di questo passo, sarebbe morto presto di paura e non più, come aveva temuto all'inizio, a causa di una pallottola nella fronte. Le tende, intanto, avevano preso a bruciare. Forse sarebbe morto intossicato dal fumo, o magari bruciato vivo dal fuoco che presto o tardi sarebbe divampato furibondo in casa. Ad un assassino di mogli era probabile che non importasse morire, ma a Klaus sì. Doveva fare qualcosa, eppure aveva ancora paura che, se solo si fosse mosso, l'uomo gli avrebbe sparato in una gamba.
«Posso offrirti un caffè?» chiese l'uomo. Una domanda inaspettata, inopportuna, assurdamente folle. «La mia Linda lo preparava benissimo... solo che adesso è morta!»
Non voleva farlo, eppure a quel punto Klaus fu costretto a tossire. Il fumo stava saturando l'intera stanza, le tende della finestra erano andate a fuoco e c'era un canovaccio accanto al lavello che avrebbe dato il seguito a quello che poteva trasformarsi in una specie di domino incendiario.
«Se non gradisci il caffè,» proseguì, con il braccio che doveva esserglisi ormai indolenzito a forza di tener su in pugno la pistola. «allora puoi aprire il pacco che avevi portato per me!»
La puzza di minestra bruciata rendeva l'aria ancor più irrespirabile e i polmoni cominciavano ad averne davvero abbastanza. Tutti quegli odori mischiati penetravano insolenti attraverso le sue narici violate, rivoltando anche lo stomaco che aveva così raggiunto l'apice della sopportazione.
Tuttavia, il povero Klaus si guardò bene dal vomitare per non turbare il

già precario equilibrio mentale del pazzo che gli sedeva di fronte. Decise infine che, qualsiasi cosa dovesse succedere da quel momento in poi, sarebbe stato meglio sbrigarsi, se per lo meno non aveva intenzione di morire intossicato o bruciato. Tolse quindi il sigillo di garanzia a forma di renna e scartò quel regalo che non era suo e la cui consegna a domicilio – con il senno di poi – quel giorno avrebbe fatto meglio a saltare dal giro. Ne scoprì infine una custodia rettangolare color legno di quercia, elegante, raffinata, degna di un collezionista d'epoca o di qualche studioso con il naso sempre piantato tra le pagine di un libro. Qualcosa che poteva contenere una penna stilografica, una lente di ingrandimento dal manico finemente intarsiato, oppure...

«Un fermacarte!» esclamò l'assassino, ancora mollemente seduto sul pavimento. Il fumo era diventato nebbia nella cucina, tuttavia lui non aveva intenzione di perdere la mira.

La piccola custodia conteneva davvero un fermacarte. Non si era sbagliato. Quella era la prova che era stato proprio lui ad effettuare l'ordine tramite corriere espresso.

«Ora, per completare il tuo già ottimo lavoro, Klaus...» disse ancora. Faceva caldo, molto caldo. Il povero ragazzo era zuppo di sudore. Ed iniziava ad essere impossibile respirare. «...devi fare un'ultima cosa per me! Devi venire qui da Linda e devi infilarle quel fermacarte nel petto, esattamente nel punto in cui le ho procurato la ferita che ancora sanguina!»

Che cosa aveva in mente, quel pazzo psicopatico? Voleva che Klaus si avvicinasse così tanto? Voleva spargli in una tempia mentre lui era impegnato a posizionare correttamente il fermacarte nel corpo del cadavere? Qualsiasi cosa, ma doveva sbrigarsi. Altrimenti sarebbe morto lo stesso.

Con solerzia e agile cautela al tempo stesso, Klaus si mise in moto e obbedì in silenzio agli ordini dell'assassino. Non gli staccò praticamente mai gli occhi di dosso, tranne che per una breve manciata di secondi, utile per inserire l'insolita arma del delitto nella ferita già presente nella carne ancora molle della donna e macchiandosi di sangue vermiglio durante l'operazione. L'uomo sembrava finalmente soddisfatto.

«Ora... posso andare?» lo implorò, le mani lorde che gli tremavano quasi fosse affetto da uno stadio già avanzato di Parkinson.

In mezzo allo scoppiettio del fuoco che aveva iniziato davvero a divampare irrazionale in tutte le direzioni, in mezzo alla nebbia che gli faceva lacrimare gli occhi e tossire anche pezzi di anima già in frantumi dal terrore, in mezzo alla puzza di sudore, sangue e minestra bruciata, Klaus udì delle sirene in lontananza. Un vero e proprio canto, un'oasi inaspettata di salvezza. Probabilmente qualche vicino di casa si era accorto del fumo provenire

dalla finestra e aveva dato l'allarme. Ed ora i pompieri stavano arrivando, magari scortati persino da una pattuglia della polizia.
Grazie a Dio, stanno arrivando! Grazie a Dio, stanno venendo a salvarmi!
«Anche loro sono in perfetto orario!» fece l'assassino, come congratulandosi con se stesso.
Klaus tornò a guardare l'uomo, che non aveva smesso di puntargli la pistola contro. A quel punto, premette il grilletto. Click. Ma non si udì alcuno sparo.
«La pistola non è mai stata carica, Klaus!» sghignazzò, estremamente soddisfatto. Tossì con forza, perché ormai la nebbia grigia aveva invaso anche i suoi polmoni. Finalmente si concesse anche il lusso di piangere a causa del fumo, del fuoco, dell'aria irrespirabile... e soprattutto in virtù di una recita di mendace disperazione: «Volevo soltanto spaventarti per farti andare via, ma tu hai ucciso lo stesso la mia amata Linda con il fermacarte che c'era nella scatola! Sei un orribile assassino, ci sono le tue impronte digitali su quel fermacarte e sei anche sporco del suo sangue...»
Aveva programmato tutto, ogni cosa, ogni singolo e micidiale secondo dell'orologio. E intanto le sirene si erano fatte più vicine. Stavano venendo da lui, stavano arrivando. Ma non lo avrebbero salvato dalla folle e tragica messinscena di un omicida psicopatico. Era stato imbrogliato, manipolato, incastrato. Tutto in perfetto orario.

ESTRATTO DA: LANDERMOURN
Prologo: La nascita della zona proibita
di
Roberto Mandato

Nel laboratorio non era rimasto più nessuno, le apparecchiature erano vuote, abbandonate in fretta dai loro vecchi padroni ed ora erano lì, immobili, impolverate ed illuminate solamente dalle luci blu e rosse collegate agli allarmi che, da quel giorno, non avevano smesso di suonare. Forse utilizzare quell'energia illimitata per alimentare tutto ciò che avesse bisogno di una carica non è stata proprio una buona idea, meno male che la squadra di esplorazione era appena giunta in loco, altrimenti avrebbero continuato a risuonare all'infinito.

La scoperta di quel piccolo passaggio che dalla strada portava direttamente al laboratorio, portò un po' di gioia negli animi della squadra di esplorazione, poiché erano mesi che vagavano in quelle lande proibite e dimenticate da qualsivoglia entità protettrice, qualora ce ne fosse realmente una.
C'è da dire che definirla squadra di esplorazione è un po' un'esagerazione, sarebbe più corretto dire duo di esplorazione...o forse nemmeno quello! La "squadra", infatti, era formata solo da Isaac, un **Sytir** un po' troppo avanti con l'età per indossare ancora quei pantaloni attillati, e **Andr3j**, un androide dalla forma sferica con due braccia, una grande telecamera al centro del corpo, un'infinità di gadget ed una personalità ottimistica da fare invidia.

«Ahhh, moriremo tutti qui dentro» esordì l'androide «o meglio tu morirai ed io passerò l'eternità a vedere marcire quel tuo vecchio ed inutile corpo finché non impazzirò e comincerò a parlare da solo.»
«Ma tu parli già da solo, vecchio ammasso di circuiti» rispose Isaac, mentre ripuliva i vestiti dalla polvere accumulatasi sui vestiti, strisciando dalla minuscola apertura nel muro che dalla strada portava direttamente nello studio principale del laboratorio. «e per quanto riguarda la tua sanità mentale – continuò l'uomo – l'altro giorno non eri tu quello convinto di essere diventato etereo come i **Sommi Aureliani** e hai trascorso la giornata a tentare di attraversare il muro di casa?»
«Comunque alla fine ci sono riuscito!»
«Sfondare il muro non conta, sai quanto ci ho messo a riparare

quel buco? Per colpa tua non rivedrò più la caparra.»
«Non rivedrai neanche l'intera casa, se è per questo visto, che morirai qui.»
«Hmm ricordami perché non ti ho ancora disattivato?» disse Isaac mentre cercava di disattivare l'allarme che continuava a risuonare nelle stanze deserte.
«Perché senza di me ti annoieresti, visto quanto è patetica la tua vita, dannato vecchio!»
Isaac annuì con la testa e scoppiò a ridere; nello stesso momento strappò vigorosamente un fascio di cavi dal sistema di controllo facendo cessare l'allarme.
«Ecco fatto, così va molto meglio! Ora finalmente posso sentire chiaramente i tuoi deliri, stupido robot!»
«A me non dispiaceva quel rumore, avrebbe coperto le tue parole mentre esalavi l'ultimo respiro!» rispose prontamente Andr3j mentre fluttuava dietro Isaac e muovendo le braccia come un uccello.
In realtà lui non aveva bisogno di sbattere le braccia per volare, era dotato di due mini propulsori in grado di reggere fino a 70kg, ma ultimamente si era convinto di essere ingrassato e aveva deciso di fare più attività fisica.
«Su, Andr3j! Fammi luce e andiamo a scoprire cosa diavolo facevano in questo laboratorio. Le luci di emergenza non dureranno ancora a lungo.»
Alle parole di Isaac il grande occhio che copriva quasi l'80% della sfera di Andre3j si illuminò trasformandosi in una torcia che illuminò buona parte della stanza. La prima cosa che colpì subito i due esploratori fu la grande quantità di macchinari, attrezzature, sistemi di contenimento d'avanguardia che sembravano assolutamente fuori luogo rispetto all'insegna presente sulla parete.

«"Farmacologia applicata" un cavolo!» pensò Isaac, mentre il suo compagno robotico gli faceva luce «Nei registri che abbiamo trovato è scritto chiaramente che cercavano di replicare ciò che è successo nell'ultimo torneo. Quel **Nolictys** con l'abilità di mutazione di noi **Sytir** e le abilità di cura degli **Aurelian**. Una cosa assolutamente senza senso! Ma una cosa è quando la natura si diverte a giocare con noi, un'altra è tentare di ricreare artificialmente un fenomeno che si è verificato solo una volta negli ultimi 5000 anni ed è quasi sicuramente un'unicità assoluta. Cercare di ricreare in laboratorio un qualcosa del genere è assolutamente impossibile, ma questo può aver fermato quegli scienziati? Assolutamente no, loro devono sempre cercare di replicare l'impossibile!»

«Ehi, ti ricordo che io esisto proprio grazie a quegli scienziati!» replicò stizzito Andr3j, il quale continuava a muovere le braccia in maniera abbastanza goffa.

«...e non li ringrazierò mai abbastan-» la risposta sarcastica di Isaac venne interrotta da un'immagine orripilante che si materializzò davanti a lui in un recipiente cilindrico di 3 metri di altezza ed almeno la metà come circonferenza. Isaac aveva intuito che razza di esperimenti potessero aver condotto in quel laboratorio, ma di certo non si aspettava di ritrovarsi davanti un essere del genere. Sì, perché a parte il corno sulla fronte, le due ali di differente forma e colore, ali palesemente appartenenti a due razze diverse, un corpo non del tutto formato, e qualche altro pezzo mancante, quello che Isaac si ritrovò davanti e che rese il suo sangue ancor più freddo del normale, era che quella "cosa" immersa in quel liquido azzurro aveva esattamente i suoi lineamenti del volto.

«Ma cosa cazzo significa?» disse a denti stretti dopo essersi ripreso dallo shock.

«Oh no... ora sono due...» esclamò Andr3j facendo comparire 3 punti interrogativi olografici sopra la sua testa.

«Non è il momento, Andr3j, dobbiamo assolutamente scoprire cosa diavolo è questo posto e, soprattutto, perché in un laboratorio abbandonato da più di cento anni ha al suo interno un essere che ha la mia faccia!»

Lo sguardo di Isaac si soffermò sul super computer a cui erano collegati gli enormi cavi della gigantesca incubatrice. «Deve esserci qualche file che spieghi questa cosa, non sembra che abbiano avuto il tempo di ripulire il tutto.» disse l'esploratore a denti stretti, mentre muoveva rapidamente le mani sulla tastiera in cerca di qualcosa di utile. Dopo una decina di minuti capì che quel dispositivo non avrebbe risposto a nessuna delle sue domande, pertanto smise di cercare e cominciò ad urlare con tutto il fiato che aveva in corpo sbattendo continuamente la sua enorme coda squamata sulla scrivania impolverata.

L'urlo di Isaac riecheggiò in tutto il laboratorio e la sua furia stava quasi distruggendo la postazione adiacente all'incubatrice quando, all'improvviso, udì un piccolissimo rumore che placò la sua ira.

Il dimenarsi della coda di Isaac aveva fatto staccare dall'incubatrice un minuscolo dispositivo di registrazione, talmente piccolo che Isaac riuscì a notarlo solo grazie al suo udito e alla sua vista estremamente sviluppata. Praticamente era l'unica cosa buona che il suo DNA a da **Sytir** gli aveva procurato; la maggior parte dei suoi simili aveva riflessi fulminei e/o

una forza sovra umana, a lui invece erano toccati solamente un udito sopraffino e degli occhi da fare invidia ai migliori binocoli tecnologici... bella fortuna per una razza dove la forza era l'unico metro di giudizio. È per questo che, una volta ottenuto il suo compagno Andr3j, Isaac decise di diventare esploratore ed abbandonò la zona natia.
Ah, non dimentichiamo la coda tozza da alligatore! Isaac la adorava. In pratica rimaneva quasi sempre nella sua forma da rettile umanoide solo per poterla sfoggiare, anche se adesso malediceva se stesso per non essere rimasto in forma umana.

«Dai dai dai non dirmi che ti sei rotto!» esclamò Isaac inserendo il dispositivo appena raccolto all'interno del lettore di Andr3j.
«task... riparazione... driver...» seguirono diversi rumori meccanici «...bzz riproduzione diario **Dott. Cytrox Abel** data **XX03290**»
Il grande occhio di Andr3j smise di illuminare l'intera stanza e divenne come quei proiettori visti in quei vecchi libri degli umani, con una piccola differenza: invece di proiettare le immagini sul muro, Andr3j era in grado di convertire l'immagine in più dimensioni e proiettarle direttamente negli occhiali di Isaac.

> «*Soggetto 240-XH, l'unico ad essere sopravvissuto. Il Myantis-XX è riuscito a conferirgli un'abilità unica del suo genere: copiare qualunque soggetto assorbendo semplicemente le microparticelle rilasciate durante la respirazione. L'esperimento sembrava riuscito in un primo momento: il soggetto rispondeva in maniera perfetta ed aveva assimilato le nuove caratteristiche come se fosse nato con esse. Purtroppo dopo qualche tempo il corpo del soggetto cominciò a rigettare la sostanza, o per meglio dire, a corrodersi... Fortunatamente una seconda dose del Myantis-XX gli conferì l'abilità di cura degli Aureliani, quindi riuscì a sopravvivere. Per le parti del corpo perse l'unica soluzione fu quella di metterlo in una capsula di contenimento e sostituire le parti del corpo con quelle degli altri soggetti dell'esperimento.*»

«bzzz... parte troppo danneggiata, procedere con la sequenza successiva: diario Dott. Cytrox Abel data XX03300»

> ATTENZIONE LIVELLO DI COMPRESSIONE IN AUMENTO, STABILIZZAZIONE § IMPOSSIBILE, INIZIARE PROCEDURA DI EVACUAZIONE

> «NO, no, no!!!» disse a denti stretti una figura umanoide mentre schiacciava, con le sue enormi zampe da scimmia, i pulsanti della tastiera di quell'enorme super computer «Dannazione... non può realmente finire così...»

> ATTENZIONE LIVELLO DI COMPRESSIONE IN AUMENTO, STABILIZZAZIONE § IMPOSSIBILE, INIZIARE PROCEDURA DI EVACUAZIONE

> «...non c'è verso, ci siamo spinti troppo oltre... come si può definire un successo quella cosa? I dati erano troppo instabili, è inevitabile che la situazione sarebbe diventata ingestibile... utilizzare la terza dose del Myantis-XX poi... è solamente colpa nostra e del nostro crederci migliori di tutti. Ce lo siamo meritato.»

«A quanto pare l'Incompatibilità di Simbiosi Inter-specie surrogata» pensò Isaac mentre cercava di non perdersi neanche un momento del filmato «è assoluta ed impossibile da replicare!»

> «Non mi resta molto tempo, l'unica cosa che posso fare è cercare di limitare i danni inserendo il soggetto in questa camera criostatica, poi vedremo che farne del gas in eccesso...»

> ATTENZIONE IL LIVELLO DI COMPRESSIONE HA RAGGIUNTO LA MASSA CRITICA, UNICA SOLUZIONE DISPERDERE IL GAS NELL'AREA CIRCOSTANTE

«...bene, è giunto il momento. Il Myantis-XX da noi sintetizzato è altamente nocivo. Alla fine solo un soggetto è riuscito a resistere e noi, poveri stolti, pensavamo di averlo stabilizzato... Almeno non resterà nessuno in vita a vedere ciò che abbiamo fatto. L'aria resterà talmente intrinseca del Myantis-XX da rendere impossibile a chiunque di entrare nell'intera zona! Coraggio... finirà qui.»

-BIP-

-BIP-

-BIP-

Questo fu l'ultimo suono che Isaac udì prima di crollare a terra privo di sensi.

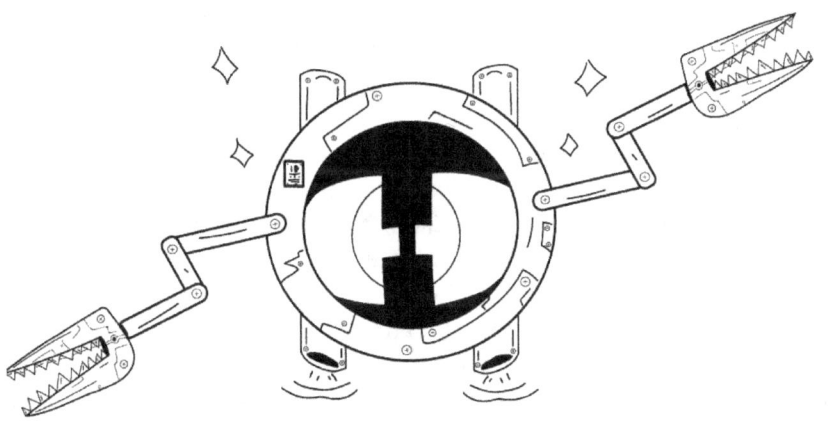

Andr3j di Roberto Mandato

Estratto dall'inedito **"Il Sigillo del Samurai"**, in uscita Dicembre 2021

IL SAMURAI DELLA PORTA ACCANTO
di
Giovanni Maio

Un leggero vento di Grecale soffiava silenzioso da Nord/Est, facendo danzare le piccole foglie degli ontani che, con il loro morbido movimento, emettevano un gradevole fruscìo e sembravano brillare sotto i raggi dorati del sole che volgeva al tramonto. Dalla cima della montagna, rimanendo seduto sulla grande pietra che fin dall' infanzia avevo eletto a mio trono personale, ammiravo estasiato la bellezza del panorama di quel tratto del Cilento, la magia di quei colori cangianti e la grandiosità di quegli spazi infiniti. Correva l'anno 1975 e in quel lontano giorno di primavera avevo raggiunto in moto le montagne di Gioi, accompagnato dal mio amico Sergio, un ragazzone alto ed atleticamente dotato, con il quale, per tutto il pomeriggio e in quello straordinario scenario naturale rappresentato dalle "mie montagne", ci eravamo allenati duramente nella pratica della disciplina sportiva che entrambi amavamo: il Karate, nello stile Shotokan e Sankukai.

Fino a quel momento e per molto tempo ancora, nella pratica di questa disciplina mi sono affidato esclusivamente alla mia fisicità, alla mie doti atletiche e alla mia innata attitudine combattiva, senza comprendere quanto grezza fosse la mia formazione psicologica e culturale e quanto inesatta fosse la mia idea di "marzialità"; soprattutto, senza comprendere quale fosse il vero, grande messaggio di vita insito - e a volte nascosto - nella pratica di una disciplina marziale.

Allo stesso modo vivevo il mio quotidiano: ero giovane e forte e abbastanza arrogante da sentirmi invincibile. E tanto mi bastava!

Mille altre volte, nel trascorrere dei decenni successivi, sono tornato su quelle montagne; molte altre volte ancora mi sono accomodato su quel mio trono di pietra, per lasciarmi meravigliare ed ammaliare dal fascino di quei tramonti infiniti. Finché, un giorno, rimanendo immobile nella luce folgorante del tramonto e dopo tanti tramonti, ho capito. Ho capito che sin dalla nascita ognuno di noi ha davanti a sé le rotaie della propria vita; può darsi che percorreremo un lungo viaggio, oppure, potrebbe accadere di fermarci a metà strada, o anche molto prima... Un viaggio si può percorrere in tanti modi.

Possiamo correre, andare lenti, o addirittura possiamo fermarci, tuttavia non possiamo mai tornare indietro, il nostro orologio del tempo non si ferma e, anche senza volerlo, il tempo scorre inesorabile e a noi uomini non è dato fermarlo.
Su questa Terra e in questa forma di Vita, siamo soltanto di passaggio, eppure, in questo passaggio vi sono uomini che lasciano semplici solchi nell'acqua e uomini che lasciano tracce profonde e indelebili nel cuore dei loro figli e di chi li ha conosciuti. Si, perché se è vero che ogni viaggio si può percorrere in tanti modi, è anche vero che ogni viaggio si può percorrere scegliendo direzioni nuove e diverse e, dunque, per migliorare il nostro essere ed imparare ad avere cura della nostra esistenza fisica, psicologica e spirituale, a volte basta semplicemente avere il coraggio di aprire quella piccola "porta accanto" che spesso troviamo sul nostro cammino ideale, scegliendo così quale direzione dare al nostro percorso.
Così, ormai in età avanzata e dopo aver vissuto buona parte della mia vita in una sorta di oscurità culturale fatta di arroganza giovanile e smisurato ego - una vita a tratti rocambolesca, vissuta spesso ai limiti della scelleratezza e sempre nell'idea dell'assoluta invincibilità - ho trovato, accanto al mio cammino, quella piccola porta che, come se mi trovassi in un bivio, si apriva su una nuova Via, un percorso che proseguiva in una nuova direzione.
Inciso sulla porta un elegante simbolo dipinto nei colori dorati del sole al tramonto, un antico kanji giapponese rappresentativo del termine "Samurai".
E' stato allora, dopo l'ennesimo allenamento svolto all'aperto e dopo l'ennesimo tramonto mozzafiato, che ho deciso di aprire quella porta e di proseguire con determinazione su un nuovo cammino. Un nuovo cammino per cercare di diventare un uomo nuovo: un Samurai del 2000, o meglio, il "Samurai della Porta Accanto".
In questo quadro, la pratica del Karate Do (la Via del Karate) ha rappresentato per me il pilastro centrale, il perno ideale e culturale sul quale costruire il mio nuovo sé; la chiave di volta per dare alla mia vita un senso più profondo, più sereno e per molti versi più avvincente.

La pratica del Karate-Do è senz'altro un'esperienza profondamente personale, che, come un bellissimo tramonto, tocca ciascuno di noi in modo diverso. I valori spirituali di questa antica disciplina marziale, oggi oscurati nel mondo occidentale dal fenomeno competitivo e dallo sfruttamento commerciale, sono così profondi che la loro grandezza deve ancora essere accuratamente misurata e pienamente compresa.
Einstein era solito affermare: «non ci sono nuove leggi ma solo principi

non ancora scoperti» e, secondo la mia personale esperienza, è così anche per il Karate-Do, al punto che, quando la sua pratica si spinge oltre gli ovvii risultati dovuti all'allenamento fisico, questa disciplina marziale diventa un percorso fortemente interiorizzabile, una scoperta continua che spesso cambia la vita, o, perlomeno, cambia lo stile di vita di chi lo pratica. Ciò perché il Karate Do insegna come trascendere le barriere imposte dalle distrazioni dell'ego, conducendo ad un viaggio interiore senza fine, verso orizzonti ed obiettivi in continuo mutamento.

E' questo il Viaggio della mia vita.

UN ANEDDOTO, PER INGANNARE IL TEMPO
di
Antonio Scavariello

Scrivo queste poche righe perché girando su internet mi sono ricordato di un aneddoto...
Facciamo invece che mi invento una storiella, di getto, e per essere sicuro di non rimandare a nessuno in particolare mi vado a cercare, sempre su internet la lista dei nomi meno usati per ridurre al minimo la possibilità di coincidenze.
Questa storia comincia con due tizi, Eusebio e Teodoro, passeggiano per la città, un pomeriggio d'autunno non troppo freddo. Teodoro guarda a destra e a sinistra prima di attraversare la strada, Eusebio con la testa china sul cellulare, scorre e quasi gira sul posto seguendo il primo dall'altra parte della strada. Al contrario di come qualcuno di voi crede sono entrambi indenni dall'altra parte e continuano la loro passeggiata quasi in silenzio, avranno già parlato abbastanza finora e meditano sul prossimo argomento, "Oh, guarda!" Eusebio finalmente alza la testa dal cellulare e con la mano libera afferra il braccio dell'altro per attirare la sua attenzione sul cellulare dove campeggia l'immagine di alcuni ragazzi vestiti in costume vagamente medievale, alcuni di loro sfoggiano delle sedicenti armature mentre il resto fa sfoggio delle loro armi smisuratamente grandi. Gli da qualche secondo prima di indicare col pollice una delle figure presenti "Pure Petronilla ci sta, vogliamo andarci pure noi una volta?" Al ché Teodoro, meno entusiasta, gli risponde "Abbiamo si e no due settimane per iscriverci, preparare qualcosa che possa sembrare un costume, e dove andiamo a prendere delle armi finte poi?". Eusebio, con disappunto, lascia andare il braccio dell'altro e abbassa di nuovo lo sguardo sul telefono immergendosi di nuovo nella lettura. Teodoro quindi propone "Andiamo a sederci ad un bar, che mi sono scocciato" e fa per avviarsi, Eusebio controbatte "Aspe'" mentre con la mano libera si tasta le tasche del giubbotto aggiungendo "Ho la mascherina in macchina", "Bravo idiota... io mi avvio" rimbecca voltandosi ed avviandosi verso la meta prefissata. Eusebio non ha scelta, stringe nel pugno il cellulare e scatta in direzione del parcheggio per recuperare la sua misura sanitaria in tempi di CoViD.
Riprendo la storia dal punto in cui Eusebio raggiunge Teodoro già, o ancora, in fila mentre attende a distanza di due metri circa dagli estranei davanti l'ingresso del bar, "Già ordinato?" chiede Eusebio tanto per annunciarsi

mentre indossa finalmente la mascherina "Si è fermato quello dentro a chiacchierare" Teodoro indica con un cenno della testa verso il cliente che si intrattiene alla cassa con la barista. "E se facessimo dei pirati?", Teodoro ora perplesso si volta per scrutare la fonte di quella domanda per qualche secondo prima di coglierne il senso, "Si... e la nave?" risponde sardonico, ma ciò che ottiene ottiene solo uno sbuffo. "Incalza poi, se ti piace tanto fare il pirata chiedi a Milo, che lo convinci" dalla quale ottiene solo una scrollata di spalle. Finalmente è il loro turno, Teodoro entra e recupera i due caffè in monouso per entrambi, un "Grazie" bofonchiato da Eusebio che agguanta il bicchierino che gli viene porto.

Sorbito il caffè, si permette di rilanciare Eusebio "E se invece facessimo i classici cavalieri? Poi se magari ci piace pensiamo alle armature e tutto" aggiunge rapidamente prima di essere interrotto mentre l'altro beve il suo macchiato. "Te la vedi tu per le spade?" lo sfida appena ha finito Teodoro, Eusebio vede il bluff "Me le faccio prestare per tutti e tre se ci vieni", che va a segno, tanto che ora sembra aver preso in considerazione l'idea e dopo qualche secondo "Avvisa Milo". Ci vuole una manciata di secondi per recuperare il telefono e scrivere il messaggio, mentre attende risposta sorride come un ebete sbottando "Facciamo i cavalieri di Albion". "Ho visto la pubblicità su internet di quel gioco... Ma cosa c'entra?" Teodoro di nuovo ha perso il flusso di coscienza, la reazione di Eusebio non si fa attendere "Ma no il gioco, i cavalieri della tavola rotonda" come se sia strano non avesse colto prima. "Ah..." commenta portando l'attenzione al braccio libero dell'altro allunga la mano chiedendo "MA dove ti sei appoggiato?" la reazione istintiva di Eusebio di alzare il gomito per controllare da l'occasione all'altro di proiettarlo facendolo piroettare "AVALON, bestia."

RACCONTO VINCITORE:
UN'OTTIMA ANNATA
di
TONIA ROTONDO

UN'OTTIMA ANNATA

"Buongiorno principesse!"
Eccolo Orazio, con la sua voce festante dal tono sollazzevole, che ci accoglie ogni giorno nella sua taverna per la nostra pausa pranzo e, come un cleromante occulto o un inconfessato allievo di Freud, legge nelle nostre menti e nei loro arzigogolati mondi, capendo al volo ogni volta di cosa abbiamo bisogno.

Non vi è per lui insondabile mistero che non possa essere sbrogliato con la portata giusta.
"Bisogna solo trovare l'ingrediente adatto!", ci confessa mentre ci spalanca gli occhi vispi e sfottitori. E così finisce sempre che si entra con un dissapore e si esce con un chilo in più, ma mai con patimento o un briciolo di pentimento.

Allora la fuga alla taverna diventa il nostro appuntamento fisso, quella routine consolidata di cui non si può fare a meno e insieme l'uscita trasgressiva con la compagnia di turno, che rompe la monotonia della giornata.

In questo tempo insieme, a volte il lampo di un sorso, altre lo scolo di tutta la cantina, non si consuma, si assapora. Non si divora il cibo né il tempo, che di solito invece lasciamo correre a riempire un altro giorno, ma si gusta tutto e si apprezza ogni cosa.
Più che fruire di cibarie, si beneficia di storie e ci si alimenta di umanità. Mai sazie, ci nutriamo di vite altrui.

Orazio non è un despota che ti toglie il piatto da sotto il naso e ti pressa affinché possa sfamarti velocemente, finire subito, consumare ancora e poi liberare il posto vuoto per fare spazio ad altri guadagni. Lui sa che la vita è "un morso di pane", e accumulare denaro con accanimento serve a poco se non sai dove comprare la felicità.

In questo breve morso, come lo intende lui, deve esserci tutta "l'arte dell'assaggio": una degustazione intensa che sia insieme ricerca e scoperta, educazione al piacere, accoglienza sensoriale dell'altro, gustata con la brama di chi mangia per la prima volta e l'avidità di chi sa che sarà l'unica, e non va sprecata.

In questo suo atto del mordere la vita, che è puro atto d'amore, ci siamo anche noi, assidue frequentatrici della sua locanda.

Noi, fagocitate golosamente da questo luogo che riempiamo ogni volta con i racconti esilaranti sulle nostre vite colorate e a tratti sgangherate, i dettagli dei godimenti amorosi e dei fallimenti sentimentali, i nodi famigliari, i legami d'amicizia sbiaditi, i brevi successi che non ci riempiono mai del tutto e quei traguardi che non ci liberano mai dal fondo.

Noi, che portiamo a ogni incontro su questa tavola la fame e la sete, raccontandoci tutto ciò che cambia in una vita che passa.

Quello alla taverna è un quotidiano viaggio luculliano che dura un giro di portate e a ogni mozzico lasciamo nel piatto una crepa, che condiamo poi con confronti ridenti e accesi, confidenze salate e confessioni amare, fino all'ultimo affondo, quello sul dolce, in cui ci sembra addentare, alla fine del viaggio, la nostra sacra pazzia.

"È difficile vivere," conclude sempre Orazio mentre ci porta il conto, "ma pensa che disastro avere la vita ed essere morti".

E così l'antipasto ci porta in tavola l'intingolo del lavoro, quello da cui scappiamo per le troppe responsabilità, che abbiamo ereditato ma in cui non abbiamo mai creduto, quello che ci rende infelice ma che non molleremo mai.
Quello precario che non ci dà garanzie né contributi, quello illecito con turni che non hanno pause, quello nero dove non c'è un contratto ma si esige lo straordinario.
Quello dove le assunzioni sono facili, i licenziamenti leciti e le palpatine sul culo abituali.
Il lavoro che non c'è.

Come primo invece il piatto fisso della famiglia, con le sue guerre, i suoi legami spezzati, i ricordi d'infanzia perduti, gli insoluti, che ci portiamo addosso da sempre e che da marchi diventano stemmi.
Genitori assenti, ingombranti, mancanti, ai quali non siamo stati capaci di dire l'ultimo "ti voglio bene." Figli che ti rubano il tempo, gli spazi, la giovinezza, l'identità, anche tra quelli non cercati, mai voluti o che stentano ad arrivare.

Quelli che non ritornano.

Per il secondo, banchettano con noi le conversazioni sulla pietanza più succulenta, l'amour, cucinato in tutte le salse, a volte troppo crudo, immaturo, ancora acerbo, altre troppo cotto, ormai vecchio, raffermo, indurito dagli anni, dai litigi e dai cuori che cambiano.
L'amore spesso a fiamma alta, veloce come la cottura che lo brucia, a volte quello che non si rafferma, perché il fuoco rimane sempre troppo flebile.
L'amore che uccide.

Così qua e là tra i piatti del giorno, assaggi vari e nuove specialità della casa, saltano fuori, una forchettata dopo l'altra, vizi e virtù di ogni invitata della compagnia, drammi interiori e malinconie, le memorie e le follie, il tutto speziato da risate fragorose e pianti disperati.

Al dessert si arriva come al capolinea di un viaggio, culinario ed esistenziale, in cui si giunge sfinite e indigeste tra le ingordigie del vivere quotidiano. Racconti dolci e confessioni piccanti di commensali imbellettate di bon ton che la cultura impone e assetate di libertà verso cui la vita richiama.

Ma non c'è incontro a tavola genuino senza un buon vino.

Allora Orazio, che conosce i segreti di tutti i suoi ospiti, è già pronto con "le mani in cantina", per portarci il suo nettare da riserva, una bottiglia speciale che tiene appartata dietro botti invecchiate dall'alcol e si rivela solo a chi ne ha davvero bisogno: un miracoloso antidoto al sempre uguale, una panacea segreta al tempo che passa, una misteriosa pozione magica che agisce quando non ci credi più, un succo d'uva iniziatico che alleggerisce, allieta e insaporisce ogni nostro boccone.

Vino ampio, morbido, amabile, di colore rosso rubino come gli animi appassionati, al naso un bouquet di spezie e sentori di frutta, esotica come le mete delle fughe mentali di chi lo beve, al palato leggermente minerale, capriccioso come l'umore di chi lo assapora.

Generato da un vitigno autoctono, questo misterioso vino non ha etichette, ma il terreno dove cresce è fertile, gode dei venti del sud e respira il profumo salmastro dell'aria. Ogni sorso è un viaggio sapido nel vissuto della terra di ciascuna, e uno solo ne basta che, tenuto in bocca, regala un riverbero sul proprio percorso.

Ogni brindisi è un invito a scoprire territori nuovi, laddove la morale corrente non germoglia, ogni cin una promessa ad abbandonare le scelte rassicuranti, le credenze limitanti e i soliti percorsi che puntano a facili traguardi.

Un bicchiere dopo l'altro, questo vino altera la nostra solita prospettiva, e c'invita a diventare trote di fiume che salgono l'acqua controcorrente, api regine che volteggiano senza fuchi nel volo nunziale, uccelli migratori che non temono l'alta quota e il viaggio di ogni anno.

"Un vino grande", disse la prima volta Orazio, quando lo portò senza richiesta al tavolo dopo una giornata dura per tutte, "è quello con un'etichetta auto-celebrativa. Un grande vino invece è muto, fa parlare te, come l'amante giusto. È quello che non finisce alla prima boccata, ma dura, resiste in bocca, persiste in testa e ti mescola i pensieri, accentua le emozioni, ti tira tutto fuori o lo vomita sul tavolo per fartene parlare. Non cambia certo le cose, ma di sicuro il tuo modo di vederle."

"Non pensi che troppo alcol vada alla testa?" disse prontamente camicetta rosa, un po' sempre con la lingua resa acidula dalla solita paura di non poter tenere sotto controllo le emozioni.

"Perché gli vuoi resistere?", rispose lui guardandola sornione e sorridendo, come una nuova versione maschile della Gioconda.

"Veniamo educati a diventare corretti cittadini, instancabili lavoratori, figli obbedienti e coniugi fedeli. Servi silenziosi a cui fanno credere che la coca cola fa bene al cuore e il vino fa male al fegato. È il contrario. In un contesto in cui siamo tutti devoti credenti e colpevoli peccatori, pensiamo che l'ubriachezza sia un peccato, la leggerezza un errore e l'allegria fuori luogo.
Non sapere quello che ti aspetta e lasciar fare alla vita non mi sembra fosse tra i mali del vaso di Pandora. La felicità si trova spesso nei bicchieri che non abbiamo ancora bevuto o nelle boccate forti che abbiamo paura di provare", ribattè lui con quell'adorabile parlare peccaminoso.

Quel vino non portava alcuna dipendenza, eppure non potevamo farne a meno.

"Sì ma non possiamo scolarci bottiglie e vederne il fondo a ogni pausa pranzo per godere di un'illusione di felicità" disse l'allora bevitrice di kefir.

"È la normalità invero che ci ubriaca, pur senza rallegrarci, mentre rende distorto lo straordinario delle cose. È solo la sbornia delle nostre paure che offusca la bellezza della loro imperfezione.
Il mondo è pieno di gente triste che ha paura di fare il primo sorso!" la incoraggiò Giocondo, che aveva prontamente la risposta che spiazza.

Avvinazzarci non era mai stato così eccitante.

"Bisognerebbe farne un vino DOP allora", rispose treccia brizzolata, "perché ciò che ti fa stare bene deve essere protetto."

"È Avalon", ci rivelò d'un tratto finalmente lui, con la gioia improvvisa negli occhi di tutte per aver svelato l'arcano dell'allegra magia, "un vino che ogni sorso è un'eco di Resilienza e un inno alla Resurrezione".

E fu così che Avalon divenne da allora il nostro vino, un vino che ancor oggi toglie il sapore amaro delle colpe che non riusciamo a perdonarci, che sconvolge le nostre intransigenti convinzioni, rendendo più attraente l'ordinario e alleggerendo la nostra quotidianità.

Da quel giorno accresciamo a ogni incontro la nostra "sbornia per la vita", brille di fortuna per essere ancora qua, vive, e di poter decidere ogni momento dei nostri peccati, guardando oltre ogni nostro errore.

Da quel giorno, tutte le nostre giornate dolcemente complicate, lunatiche, isteriche e arrabbiate, apparentemente irrisolvibili ma vissute, condivise e assaporate con la compagnia di sempre, finiscono fondamentalmente così: "Orazio, un'altra bottiglia di Avalon per favore!"

E ogni anno, si rivela sempre un'ottima annata.

RACCONTI SELEZIONATI

GLI ANGELI ESISTONO
di
Andreina Moretti

Ero viva. In un luogo sconosciuto, sola, senza contatti e isolata dal mondo, io ero viva!
Quanto tempo era trascorso dal giorno in cui scesi da quel maledetto treno? Forse venti o trenta, ma sembravano duecento!
Ero partita dal paese per cercare lavoro in città, il futuro comune a molti giovani. Spinta dal desiderio di indipendenza e di sogni, riempii la valigia di tanta speranza!
La stazione era affollata di persone spaventate e disorientate. Non mi ero immaginata così il mio arrivo!
Cosa stava succedendo? A cosa era dovuto questo esodo?
Notai agenti di polizia ferroviaria che schedavano i passeggeri misurando la temperatura. Avvertivo latente il sopraggiungere una crisi di panico.
Era la prima volta che assistevo a un'operazione di massa simile. Il personale di vigilanza, muniti di mascherine e guanti, smistavano i passeggeri nelle varie uscite. Caos e ansia riempivano l'aria. Molti chiedevano, urlavano e c'era chi piangeva disperato.
Mi sembrava di essere capitata, per errore, in un film di fantascienza. Era il mio turno.
« Nome, cognome e città...»
«Antonella Rosati di Teramo». Annotavano i dati su di un grosso registro.
«Signorina, la sua temperatura è di 37.8 gradi. Cortesemente segua i due agenti!»
«Sono semplicemente accaldata, il treno era affollato...ma cosa c'entra la temperatura?»
«Sia gentile, lasci libero il passaggio e segua i miei colleghi...»
« Non prima di essere informata di cosa mi sta accadendo, e di dove sarò condotta!» Avevo preso il coraggio a due mani e urlato la mia paura prima di una crisi isterica. Ero giovane, inesperta e sola.
" Maledetto il giorno che decisi di incamminarmi in un viaggio senza meta!" pensai con le lacrime agli occhi " Perché non ho dato ascolto a mia nonna che mi supplicava di restare?"
Una fila interminabile di passeggeri pallidi e tremanti, era in attesa di entrare nel gabbiotto per registrare la loro presenza.
Due agenti mi scortarono all'auto, illustrandomi lungo il percorso la

drammatica situazione.

Un virus mortale stava invadendo il mondo intero a una velocità sorprendente. La diffusione per via aerea era inarrestabile e purtroppo incontrollabile. Nelle ultime ore gli ospedali erano al collasso con le terapie intensive sovraffollate di infetti. I primi sintomi sono la febbre, difficoltà respiratoria, la tosse spasmodica e sintomi influenzali diffusi.

Il subdolo virus si era mascherato da influenza e per molto tempo, troppo tempo, aveva viaggiato indisturbato mietendo vittime. I medici colti di sorpresa cercavano di lottare contro un male invisibile, costretti a decidere la vita o la morte in un stato di emergenza inaspettato. Non si è mai preparati a morire e io volevo vivere!

Un grigio quartiere periferico mi accolse triste e deserto come il mio cuore. Nel rifugio momentaneo mi lasciarono senza cibo, senza contatti, senza cure mediche e il mio cellulare era scarico.

«Signora, resterà qui in quarantena. Non potrà uscire per nessun motivo. Non dovrà avvicinare mai nessuno! La contatterà al più presto un dottore per sottoporla al tampone e a una visita».

Chiusero la porta e condussero via i miei sogni e le mie speranze. Avvertivo un freddo pungente fin dentro le ossa e una persistente emicrania avanzava. Durante la notte la mia temperatura salì e iniziai a sentirmi debole e spossata.

La febbre altissima mi tenne a letto per molto tempo. Deliravo, sorseggiavo un po' d'acqua e crollavo sprofondando sul cuscino madido di sudore. Mi lasciavo andare ad un sonno senza fine fatto di incubi, di treni e di folla accalcata e spaventata. L'oppressione al petto si faceva sempre più insistente, non riuscivo a respirare e mi pareva di soffocare. Gli occhi gonfi e striati di sangue, parevano schizzare fuori dalle orbite. Sarei morta presto, lo sapevo!

Ero sola. Non avevo nessun contatto con il mondo esterno, in una città sconosciuta. Trascorsero molti giorni prima che mi accorgessi dell'esistenza di un apparecchio telefonico.

Telefonai alla polizia.

«Pronto polizia? Sono la signora Rosati...»

« La signora chi? Rosati?»

« Mi avete prelevata alla stazione e condotta in quarantena due settimane fa... sono in quartiere periferico...»

Non sapevano chi fossi, non risultava nessun documento che comprovasse la presenza in quella casa.

«Qualcuno mi porti da mangiare, sto morendo di fame! Io sono ancora viva! Venite a visitarmi!» Urlai in preda alla disperazione. Piansi. Le

lacrime della rassegnazione mi accompagnarono in una realtà terrificante: Se fossi viva o morta non avrebbe avuto alcuna differenza. Non erano a conoscenza della mia presenza in quell'appartamento, del mio arrivo alla stazione...della mia febbre, del mio abbandonato, della fame.
Ero sequestrata dal virus. Ero più sola di qualunque donna sola!
Udii il click che pose fine alla conversazione. Interruppero così l'unico filo di speranza che mi teneva collegata alla vita reale. Avevano riagganciato la cornetta senza neppure interessarsi del mio stato di abbandono.
Nessuno mi avrebbe cercata!
Se fossi uscita di casa contravvenendo agli ordini?
Forse non ero positiva. Forse era già tutto passato e non avrei contagiato nessuno. Sarei potuta andare in cerca di un supermercato e riempire il carrello di cibarie.
Formulavo mille idee convulse, con la fronte schiacciata contro il vetro della finestra avvertivo lo stesso gelo della mia anima.
Il mio grande rispetto e il mio profondo senso civico, mi avrebbero impedito di agire scorrettamente.
Le vie erano deserte e lo scenario statico rendeva il panorama irreale; neppure un cane vagava per strada. Gli alberi come spettri allungavano i rami secchi al cielo in preghiera. Ad un certo punto i miei occhi avvistarono una squadra di uomini e donne con le mascherine e i guanti. Avevano dei gilè colorati per essere riconosciuti con la scritta "Guide del Borsacchio" Venivano proprio verso il mio rifugio.
Mi affacciai speranzosa con il cuore che batteva all'impazzata.
«Sei tu la signora che si sente male?»
«Si, sono io...ma voi come fate a saperlo?»
«Ci è giunta comunicazione dai vicini di casa. Ti hanno vista arrivare scortata da due agenti... come ti senti?»
«Mi sento meglio, ma sono molto debole ed ho tanta fame!»
« Da quanto tempo sei qui?»
«Non lo so, ho perso la cognizione del tempo...»
« Io sono Marco, insieme ai miei amici formiamo un gruppo di volontari che presta la propria opera in questo periodo di emergenza. Non preoccuparti, avremo cura di te fino a quando non sarai guarita e potrai fare ritorno a casa! Ogni giorno ti consegneremo pasti caldi e buoni.»
Aveva una voce pacata e tranquilla che infondeva sicurezza, uno sguardo sincero e privo di paura. Era giovane e pieno di voglia di aiutare il prossimo, in quel preciso momento ebbi il desiderio di abbracciarlo per riconoscenza e per sentire il calore di un gesto affettuoso. Gli abbracci

devono essere evitati, come le strette di mano, i baci e le vicinanze...
Mi stavano salvando dalla solitudine, dalla fame, dalla paura e dall'indifferenza.
Gli angeli esistono. Prima non ci credevo, ma ora li ho visti per le vie del paese, con i guanti, le mascherine e un grande cuore, consegnare cibo buono ai malati e ai bisognosi.

MI CHIAMO SIBILLA
di
Andreina Moretti

Nonna Agata mi aveva cresciuta con amore e timore, era stata il mio unico punto di riferimento, il mio pilastro: Una donna d'altri tempi con solidi valori cristiani e un cuore grande. In paese la guardavano con diffidenza perché credevano fosse una sorta di maliarda, una fattucchiera, un'indovina che prevedeva il futuro, l'avevano soprannominata " Caffeina" perché oltre le carte, leggeva i fondi di caffè nelle tazzine.
La nostra casa era situata su di una pittoresca collina circondata dai meli, per questo la chiamavo la collina di Avalon...la casa sul colle delle mele.
Mi chiamo Sibilla, amo il profumo di vaniglia, il colore giallo, il caffè, la collina di Avalon e nonna Agata.
Mia nonna sembrava una diva del cinema muto, avrebbe ispirato qualunque pittore o regista con il suo stile retrò e fuori dal tempo. Fin da piccola mi aveva insegnato a preparare il caffè: mi arrampicavo su di uno sgabello, posto per l'occasione vicino al lavandino, e caricavo la moka con destrezza. Le mie piccole manine miscelavo la giusta dose annusando l'aroma di quella profumata polverina scura.
«Ricordati che tutte le storie della vita girano intorno a una buona tazza di caffè!» Io annuivo sorridendo senza capire le sue parole.
Dietro la tenda gialla spiavo tutto quello che accadeva in cucina. Trattenevo il respiro, piano senza far rumore, sperando che la nonna non percepisse la mia presenza. Ero curiosa di sapere perché tanta gente si recava da lei. Le confidavano le storie più intime e private, perfino quelle nascoste e piccanti. Avevano pudore di confessarle a don Clemente, sempre burbero e bacchettone, che sicuramente non avrebbe capito.
Come avrebbe potuto, dal momento che non era sposato né tantomeno fidanzato? Cosa ben più grave non beveva neanche il caffè!
Quando in casa c'erano delle visite, la nonna tirava la pesante tenda di panno giallo usata come divisorio. Separava la mia camera dalla cucina, per avere un po' di privacy. La nostra casa era molto piccola, basti pensare che per ospitarmi, la nonna sacrificò il suo adorato angolo dispensa: una rientranza del muro dove riponeva la frutta e la verdura. In men che non si dica smontò i ripiani in legno, spostò le cassette con le conserve invernali e al loro posto sistemò il mio lettino. La tenda gialla era l'unico ricordo che possedevo di mia madre, che con uno strano collegamento tra il cuore e la mente, aveva il potere di ricondurmi da lei con il pensiero.

Felice dell' acquisto, fantasticava di cucire il mio corredino con le sue stesse mani. Proprio lei che non era capace di cucinare neppure un uovo al tegamino! Lei che non riusciva a stare in casa più di due ore...eppure pensava di confezionare cuffiette e bavaglini per suo figlio. Come ogni sua promessa, anche questa, si rivelò falsa!
Doveva avere avuto molta fretta quella sera, partì senza preavviso al tramonto senza neppure salutare la madre. Quando le ombre si dileguavano sui muri e scese la sera, lei svanì! Buttò alla rinfusa le sue logore cianfrusaglie in una vecchia valigia, forse senza neppure pensare alla gravità del suo gesto, senza preoccuparsi di me nè di come la sua fuga avrebbe condizionato le vite di tutte noi...
Quella stoffa gialla acquistata a buon mercato rimase dimenticata e sgualcita in un angolo, abbandonata come le nostre esistenze, fino a che nonna Agata non cucì un' indispensabile tenda che ci ricordasse di lei.
Mia madre era andata via con un nuovo amore. Era stata sempre insoddisfatta e triste, neppure l'arrivo di un figlio la scosse dalla sua depressione. Correva dietro nuovi amori come fanno le farfalle su di un campo di fiori: succhiava affetto da tutti ma non si donava a nessuno.
«Tu sei un dono del cielo!» mi ripeteva abbracciandomi, in quei momenti sentivo forte il suo amore e mi nutrivo dell'affetto che mi donava. Spesso la vedevo triste e preoccupata, sapevo che piangeva per la mamma, per la vita che conduceva, per le scelte sbagliate, per gli amori consumati.
«Il mondo che verrà sarà migliore solo se ci impegniamo ad essere uomini migliori!» mi diceva e io volevo impegnarmi ad essere migliore come lei.
La signora Laura era un'insegnate elementare minuta e graziosa, vestiva in modo preciso e ordinato, con le scarpe lucide con il tacco e i capelli sempre in piega che profumavano di lacca. La sentii bisbigliare « Sono certa che Alberto se la intende con Francesca la milanese, quella svergognata senza pudore! E' venuta da Milano per rubare il marito a me!»
Mia nonna mischiava le carte preoccupata e le disponeva con cura sul tavolo
« Tu e Alberto fate all'amore?»
«All'amore? No, ci mancherebbe anche questo! Se prova ad avvicinarsi io...» stringeva le piccole dita intorno alla gola, mimando di soffocare il marito. Mia nonna seria disse:
«Questa sera preparerai un buon caffè a tuo marito, alla miscela aggiungerai due cucchiaini di cannella in polvere...Ti amerà e dimenticherà la milanese!»
«Cannella nel caffè? A cosa serve? Ma sei sicura che dimenticherà quella donnaccia?»

«E' risaputo che il suo profumo stimola la libido, bere la cannella nel caffè aumenta la produzione di testosterone, viene consigliato perfino nei casi di impotenza...»
«Mah, se lo dici tu!»
La nostra casa profumava di caffè, di consigli e di rappacificazioni. La mattina mi svegliavo ridestata dall'aroma delizioso del caffè, che mi avvolgeva nel mio caldo giaciglio. Che cosa meravigliosa! A seconda dell'umore, la nonna, preparava le essenze da aggiungere alla nostra bevanda mattutina: zenzero, cardamomo, peperoncino, noce moscata, chiodi di garofano, un gusto sublime da dividere solo tra noi due e da gustare insieme.
Alcune volte avrei desiderato avere la nonna tutta per me senza doverla dividere con i problemi della gente. Dietro la tenda gialla attendevo impaziente che tutti facessero ritorno a casa e mi riconsegnassero nonna Agata.
Non ho mai avuto nostalgia di mia madre né di mio padre, ma ho amato smisuratamente mia nonna, che mi ha trasmesso tutto il suo sapere. Mi incanto ancora oggi nel ricordare le sue storie, le sue saggezze, gli aneddoti, gli insegnamenti. Un giorno di poggia udii bussare alla porta, corsi ad aprire e vidi Tonino il postino senza divisa e senza sacca:
«Ciao Sibilla, Agata è in casa?»
"Siamo alle solite!" pensai. Mentre tiravo la tenda chiamai la nonna
« Nonna ci sono visite! Io preparo il caffè!»
Ormai ero grande e non avevo più bisogno dello sgabello. La nonna si accomodava e ascoltava i racconti, mentre io, sognavo ad occhi aperti di incontrare il mio principe azzurro sul bianco destriero.
La nonna sembrava distratta, guardava l'interno della tazzina dove Tonino aveva bevuto il suo caffè, la girava e rigirava tra le mani come se non leggesse bene cosa vi fosse scritto.
«Ascoltami bene Tonino, fai attenzione a ciò che ti dico: prepara un caffè con la polvere di anice stellato, bevilo tutto d'un fiato senza zuccherarlo. Con la sua forma di stella, evocativa e misteriosa, veniva usato come auspicio di buona fortuna, per attirare l'amore. Unito al caffè ha il potere di legare i rapporti... Vai ora, non perdere altro tempo, ne hai perso già troppo!»
« Scusami Agata, ma devo bere il contenuto dell'intera caffettiera?»
«L'intera caffettiera? Ma cosa dici? Vuoi farti venire un infarto? Ne berrai una normale tazzina, benedetto uomo!»
I consigli di mia nonna andarono tutti a segno e portarono buoni frutti: ci furono matrimoni, rapporti felici, riappacificazioni e nacquero tanti

bambini. Tutti vollero ricompensare la nonna con fiori, frutta e ortaggi, dal momento che rifiutava il denaro
«I buoni consigli non hanno prezzo e gli amici non pagano!»
Quella stessa sera la nonna leggeva le carte e aveva uno strano sguardo. Mi avvicinai silenziosa, mentre lesta, si accinse a raccogliere le carte dal tavolo.
Dopo qualche giorno nonna Agata iniziò ad accusare un certo malessere, era debole e spossata. L'esistenza di mia nonna improvvisamente cessò. Io restai sola.
Con delle grosse forbici ho tagliato a metà la tenda gialla, la metà mancate l'ho deposta nella sua bara. Lei ha diviso il cuore con me, io ho diviso l'unico ricordo di mia madre con lei. Il futuro è una tenda gialla, un divisorio dal mondo celeste a quello terreno, il limite tra ciò che è, e ciò che sarà.
Mi chiamo Sibilla perché mia nonna sapeva che avrei ereditato la sua sensibilità, l'empatia, la resilienza e il suo cuore grande. Mi ha lasciato una lettera come testamento: Mi spaventa lasciarti tra uomini dalla grande forza distruttiva, che demoliscono ciò che con fatica hanno costruito. Bisogna cambiare il modo di pensare e la direzione, altrimenti il domani sarà solo peggiore dell'oggi. Non basterà la paura della morte a regolamentare le nostre esistenze, l'uomo dimentica in fretta, ha la memoria corta e dopo un primo momento di smarrimento, tutto ricomincia come prima. Abbiamo superato molti disastri ambientali e climatici, guerre e pandemie, ma le strade intraprese dall'umanità sono sempre quelle dell'egoismo, dei vizi e dell'egocentrismo, che purtroppo non conducono da nessuna parte.
Ti sei mai chiesta come mai tante persone mi cercavano per predire il futuro? Perché c'è una sofferenza interna e una solitudine che nessuno può curare. Ricominciamo da noi...Riconquistiamo l'umanità.
Il mondo che verrà sarà migliore grazie agli insegnamenti di nonna Agata.

ULYSSES
di
Ilaria D'Alconzo

< O'Connell ! Elijah Avalon O'Connell ! > Il ragazzo squadrò il suo abito ben fatto.
< Pesco da solo O'Connell ! >
< Mi dispiace lo capisco ! Questa è una passione da svolgere in solitudine ! Ma temo che dovremmo condividere la stessa zona per oggi ! Hanno serrato il punto dove mi metto di solito !> Il ragazzo nel mentre non distolse gli occhi dalla sua lenza.
< Non ti darò fastidio ! Non preoccuparti !> Il ragazzo non rispose .
Si limitò ad annuire con una smorfia .
< Da quanto hai iniziato ?>
< La mia non è una passione ! Mi serve per portare cibo a casa !>
Elijah O'Connell non seppe che dire a quella risposta e abbassò la testa imbarazzato .
< Credo sia più soddisfacente piuttosto che una mera passione senza scopo a parte riempire la noia !>
< Deve esserlo per forza ! >
I minuti passarono . Nessun pesce . Nessun alito di vento .
< Oggi tardano ad abboccare !>
Elijah O'Connell non amava starsene molto in silenzio e questo stava incominciando a dare sui nervi al ragazzo accanto a lui .
< Bene ! Credo che per oggi basta così per me !> disse Elijah O'Connell alzandosi e sistemando la sua lenza .
< Finalmente !>
< Come scusa ? >
Il ragazzo continuava concentrato il suo lavoro .
< Non amo la compagnia quando devo lavorare !>
Elijah O'Connell si lisciò la giacca color ocra quasi come reazione innervosito da quelle parole .
< Mi dispiace averti dato così fastidio ! E comunque non abboccherà nessun pesce per oggi . Mio padre è Capitano della Marina e mi ha insegnato molte cose !>
< Bene allora vorrà dire che non morirete mai di fame ! >
Il ragazzo ora lo guardava con aria di sfida e di pura invidia .
Il vento cominciò a spirare come se il cielo fosse rimasto senza fiato prima

di allora .
< Tieni !>
Elijah sfilò dal suo zaino un contenitore bianco .
< È una torta di lamponi che ho preso dalla cucina oggi ! Prendila tu e portala al posto dei pesci !
> Il ragazzo lo squadrò di nuovo con aria meravigliata adesso .
< No grazie ! Riuscirò a pescare qualcosa oggi !>
< Non succederà ! Non è un buon giorno oggi per la pesca !> < Io riuscirò a pescare !> Elijah non riusciva a capire il perché di un rifiuto del genere .
< Fa come vuoi ! > disse sistemandosi lo zaino in spalla e posando la torta accanto al ragazzo . < Te la lascio comunque !>
< Non mi servirà !>
Elijah indietreggiò e si voltò per andarsene definitivamente .
Tanta scorrettezza di fronte alla sua gentilezza non l'aveva mai vista .
< Grazie ! Comunque !> pronunciò in modo scettico il ragazzo .
< Oh non ci speravo più ! > disse sarcasticamente Elijah voltandosi. < Ulysses!>
< Cosa ? >
< Sono Ulysses Wicklow
!>
< Piacere di averti conosciuto !>
{Parte II }

Appoggiò la schiena contro la grande libreria.
Preferiva stare lì , in quell'angolo della sala che più amava .
Il soffitto era interamente affrescato di un blu notte e le raffigurazioni delle varie fasi lunari . Quando non aveva un libro tra le mani spesso si ritrovava a fissarlo per svariate ore senza accorgersene nemmeno .
Perso in sogni in cui compiere grandi imprese in una terra sconosciuta era all'ordine del giorno o con una divisa da capitano pronto a guidare i suoi uomini verso la scoperta di antichi tesori e maledizioni .
Un tuono lo fece sobbalzare .
Forse era meglio lasciare i libri per quel pomeriggio e tornare a casa prima dello scoppiare del temporale .
Ma Verne non poteva aspettare . Ormai c'era quasi .
" Ormai era evidente che non raggiungerebbe più alcun punto della Luna . Dove andava esso ? Si allontanava , si accostava al disco ?"
Un altro tuono .

Questa volta fece vibrare i lampadari .
" Era forse trasportato nella notte profonda attraverso l'infinito ? Come saperlo, come calcolarlo in mezzo a quelle tenebre ?"
Un lampo fortissimo illuminò la sala.
Ulysses distolse di scatto il suo viso dal libro .
" Tutte le questioni davano molto da pensare a Barbicane ,ma non poteva risolverle ." < Ulysseees!>
Una voce in mezzo al corridoio lo riportò alla realtà .
< Ragazzo dove sei ?>
La voce si Suor Costance era al quanto agitata .
Ulysses posò il libro in terra e si rese visibile dal suo nascondiglio letterario . < Cosa succede Suor Costance ?>
Arrivò di corsa e con l'abito bagnato .
< Argo ! Argo è scappato ! Ha avuto paura del temporale e si è liberato ! >
< Ne siete sicura ? >
< Si, l'abbiamo visto con i nostri occhi . Devi andarlo a prendere, tu che puoi correre più veloce di noi !>
Quello era davvero un bel guaio pensò Ulysses .
Un cavallo impazzito in giro per il paese poteva essere pericoloso .
< Vado ! Non si preoccupi Suor Costance! Glielo riporterò !>
E passarono le ore sotto la pioggia che non voleva dar segno di una tregua . Di Argo nessuna traccia.
Un ragazzo dai biondi capelli fradici correva per le vie in preda alla disperazione . Un cavallo spaventato dal temporale dove poteva sentirsi al sicuro ?
Improvvisante gli balenò in mente un'idea bizzarra . Però almeno poteva essere un'idea .
Ricominciò a correre sotto la fitta pioggia attento a non scivolare .
L'aria intanto si era fatta fresca e tagliente rispetto al caldo asfissiante delle ore precedenti . Imboccò la stradina che portava al vecchio molo dove solitamente andava a pescare .
Era l'unico posto dove non aveva ancora cercato e magari lì avrebbe trovato il cavallo.
Aveva associato Argo a lui stesso ed era quello il luogo dove andava quando voleva sentirsi più sicuro e tranquillo .
Oltre al suo amato nascondiglio letterario ovviamente . Ulysses arrivò al molo .
Aveva l'affanno e si girava senza sosta arricciando gli occhi per vedere meglio in mezzo a tutta quella pioggia che cadeva .

Ma del cavallo nessuna traccia .
Aveva girato in lungo e in largo a rischio di beccarsi una polmonite e di certo a Suor Costance non avrebbe fatto piacere sapere che il suo cavallo era ormai fuggito imbizzarrito chissà dove .
Un lampo fortissimo si riversò sul mare . Ulysses indietreggiò. Forse era meglio fare ritorno .
Scavalcò di nuovo la staccionata di legno e si rimise sui suoi passi pensieroso . Cosa mai avrebbe potuto dire una volta tornato ?
Aveva fatto il possibile questo lo sapeva bene ma non amava le sconfitte ecco tutto . E poi ci era affezionato ad Argo dopo tutto .
All'improvviso gli sembrò scorgere una sagoma confusa . Una sagoma ? Non seppe dirlo con precisione .
Difficile pensare lucidamente in quel trambusto .
< Heyy!>
Ulysses provò a chiamare .
Finalmente forse aveva avuto la fortuna di incontrare qualcuno che poteva aiutarlo .
< Hey laggiù !>
La sagoma continuava ad avanzare frettolosamente ,ma non si riusciva ancora a capire se effettivamente si trattasse di una persona .
Un secondo lampo illuminò meglio il tratto di strada rendendo più visibile la sagoma scura che avanzava verso di lui .
Si! Era proprio così !
Era una persona lì lontano in mezzo alla pioggia .
Magari poteva aver visto qualcosa e magari sarebbero andati in due a cercarlo .
< Hey signore ! > urlò il ragazzo correndo e cercando di farsi notare dimenando le mani in segno di aiuto .
Ma il suono rotto del tuono gli impedì di farsi sentire e la sagoma sembrava essersi fermata per un momento adesso .
Ulysses si accovacciò in terra per poter vedere meglio . Quella persona trascinava qualcosa . Che fosse un ferito ?
Però ...non la stava esattamente trascinando .

La stava portando a fatica .
"Argo ?" ,pensò Ulysses . Qualcuno l'aveva ritrovato ! Si rialzò e prese velocità cercando di non scivolare .
Come se avesse intuito qualcosa ,la sagoma lo imitò e corse nella sua stessa direzione . Finalmente quella corsa senza fine si concluse e le due

figure inzuppate d'acqua si ritrovarono faccia a faccia .
Accompagnate da un nitrito nervoso di un cavallo .
< Argo ! Dove l'ha trovato ?>
< È suo ?>
< Sono stato incaricato di cercarlo ! È più di un' ora che che lo cerco .> < Per poco non rischiava di investirmi !>
< Come ?>
Il trambusto dei tuoni e la pioggia non rendevano quella conversazione semplice .
< Il suo cavallo stava quasi per uccidermi ! Me lo sono ritrovato davanti all'improvviso che correva . Il temporale l'avrà spaventato! >
< Mi dispiace ! È stata una sorpresa per tutti noi che sia fuggito in quel modo ! Si è fatto male ?> Eppure qualcosa nella sua voce era familiare .
< Non è stata colpa del cavallo . Non si preoccupi .> Già! L'aveva già sentita quella voce . Ma dove ?
< Venga con me ! Penso che una bella tazza calda ci farà bene nell'attesa del finire del temporale . E poi potrà tornare a casa !>
< Grazie ! È molto gentile !> Ci fu una pausa .
Ulysses però era pensieroso e non si trattenne .
< Ci conosciamo ?>
< Come ?>
< Ho detto , ci conosciamo già ?>
L'uomo nel cappuccio sembrò paralizzarsi per un momento . < Anche a me sembra di conoscerla già !>
Intanto Ulysses aveva afferrato le briglie di Argo e incominciarono ad incamminarsi verso l'abbazia .
< Sei Wicklow ? >
< Come fa a sapere il mio nome ?>
< Forse perché ti ho dato la mia torta !> < Come ?>
L'uomo si levò il cappuccio con il quale si era riparato e mostrò finalmente il suo viso . Era O'Connell .
Elijah Avalon O'Connell.

IL VECCHIO CHE INSEGNÓ DI NUOVO AD AMARE
di
Annamaria Di Felice

Nell'anno 2020, il mondo intero, fu invaso da un potente virus, assassino e burattinaio.
I governi furono costretti a vigilare e imporre regole severe alla popolazione per tutelare la salute e l'ordine pubblico.
Per la strade scene di morte e desolazione. La gente stramazzava a terra e i mezzi del governo passavano per ripulire e gettare i corpi nel grande pozzo, per ridurre il rischio di focolai.
Furono vietati i contatti umani, le visite ad amici e i bambini rimasero isolati e senza amici.
Le strade si svuotarono e la paura si infiltrò, subdola, in ogni contesto sociale.
Il governo impose, infine, l'isolamento obbligatorio.
Fu garantito il cibo a tutti i reclusi, che veniva gettato fuori dalle abitazioni, come mele ai porci; un solo componente della famiglia poteva uscire per recuperare le scatolette di carne e poi rientrare subito in casa.
Il giorno prima del GRANDE BLOCCO, così fu chiamato l'isolamento obbligatorio, ci fu un grande fuga di persone che cercavano riparo. Coloro che non avevano un tetto sulla testa, venivano uccisi o dal virus o dall'esercito, che vigilava costante per le strade.
Il grande blocco ebbe inizio.

ANNO 2030

Suonò la squillante sirena e una nuova alba sul mondo ebbe inizio.
Camion e macchine del governo lasciarono la città.
Alcuni aprirono le loro porto, ma subito le richiusero.
La paura era intrinseca, ormai, nell'essere umano.
Altri iniziarono ad uscire timidamente, facce stanche ed incredule.
I bambini, di dieci anni prima, erano diventati ragazzi e i ragazzi adulti e gli adulti, alcuni, velocemente anziani ed altri ancora, invece, non uscirono affatto.
Tramortiti nelle loro case, non c'erano più.
Molti avevano visto morire i loro cari, senza poter chiedere aiuto perché bisognava restare chiusi dentro a tutti i costi.

Povera gente che aveva assistito a scene di dolore e con essi anche i bambini, non erano certo esonerati da tutto questo orrore.
Il putridume, il marcio e il dolore avevano, ovunque, diffuso impassibilità.
In questi anni si abituarono così tanto al dolore, che gli uomini iniziarono a non provarlo più.
I giorni seguenti qualcuno iniziò a strascinarsi per le strade, come zombie. Sembrava che il virus non fosse mai scomparso.
Rapidi saluti, cenni e silenzio, i bambini uscivano, ma rimanevano soli a fissare il cielo senza il minimo stupore. Gesti ripetuti e paura del prossimo.
La vita non tornò alla normalità.
Il grande pozzo dei morti venne richiuso con un grande cumulo di terra e con esso anche la speranza di un'intera umanità.

Solo un uomo sopravvisse integro al virus. Il vecchio Avalon.
Un anziano maestro che viveva da sempre sulla collina. Anche lui come tutti aveva affrontato l'isolamento, solo, ma nel cuore di Avalon c'era una grande forza.
L'anziano viveva nella sua casa e, da anni in pensione, si occupava dei suoi libri.
Li ordinava, li spolverare e li odorava ogni giorno. Erano il grande amore del vecchio, un tesoro insostituibile.
Fu l'unico felice di uscire dopo dieci anni. Molto invecchiato, ma con una gioia sempre viva. Fece un rapido giro della città con il suo bastone ricurvo e notò subito la freddezza e l'indifferenza fra le persone. La città si era trasformata in un palcoscenico di automi. Ma fra tutto questo, una cosa lo ferì enormemente: l'apatia negli occhi dei bambini.
Erano ovunque, ma non gioivano, non piangevano e non gridavano più; soli ed alienati riempivano le strade e i cortili e intorno a loro solo silenzio.
Avalon addolorato da quello che vide, si chiuse in casa e pianse per giorni, ma poi cercò di trovare una soluzione da buon maestro.
Scrisse, ricercò e sfogliò i suoi libri, ma poi cercò di progettare un piano estraneo alla pedagogia.
Si mise ai fornelli e preparo tante torte.
Il giorno dopo era una bella giornata di sole e vento, preparò le sue torte su un tavolo fuori sul prato e aspettò seduto.
Il vento trascinò giù in città l'odore delle sue torte ed attirò sulla collina le persone.
La gente era affamata e la fame divento un ingegnoso amo per attirarli sulla collina.

Arrivarono numerosi e si fiondarono sulle torte. Divorarono i dolci e scapparono subito per tornare nelle loro case. Avalon nel frattempo, seduto su uno sgabello iniziò a leggere un libro ad alta voce, incurante del resto.
Nessuno lo ascoltò, ma Avalon continuò così per tanti giorni.
Preparava le torte, attirava le persone e si metteva a leggere davanti a tutti.
Per dieci giorni scapparono via tutti dopo aver mangiato, ma il decimo giorno un bambino con una fetta di torta tra le mani si mise davanti ad Avalon ed iniziò ad ascoltare silenzioso, quasi assente.
Il bambino rimase un po' e poi scappò via, come tutti.

Avalon continuò e il bambino, il giorno dopo, rimase dieci minuti in più, per poi scappare di nuovo.
Il ventesimo giorno, oltre a quel bambino, che ormai restava fino la fine della storia, c'erano altri due bambini.
Avalon continuò per mesi e mesi ed un giorno, mentre leggeva una vecchia fiaba, alzò gli occhi e davanti a sé trovo una scena che gli spezzo la gola dal pianto.
All'incirca venti bambini e ragazzi erano seduti sul prato e lo ascoltavano.
Il vecchio si schiarì la voce e controllo l'emozione e continuò, anche se le lacrime gli appannavano la vista.
Il pubblico aumentò sempre di più ogni giorno e con esso anche le torte da preparare.
I bambini iniziarono a convincere anche gli adulti a restare per le storie del vecchio.
Tutti rimanevano fino al finale e poi andavano via.
Un giorno Avalon, vide arrivare dalla città una bambina che teneva per la mano un'altra bambina. Questo era per lui qualcosa di emozionante; un fiore in un deserto roccioso. Due mani che si stringevano rappresentavano la rinascita di un sentimento che sembrava non esserci più.
Avalon continuò così per un anno intero, leggeva e sfornava dolci.
Iniziarono ad arrivare anche dalle città vicine per ascoltarlo e durante le pause, che faceva per riprendere fiato, iniziò a sentire tra la folla di spettatori brusii e risate.
Un giorno scelse un libro particolare da leggere.
Non sapeva se fosse la scelta giusta, ma si sentì pronto e come sempre sistemò le torte, prese lo sgabello e si accomodò.
Lesse senza fermarsi e senza alzare mai lo sguardo.

"La pandemia terminò e tutto tornò alla normalità.
Bambini, animali e uomini felici raggiunsero il lago e si buttarono nelle acque con gioia e risate.
L'amore era tornato e poteva essere di nuovo dimostrato".
Avalon terminò la frase, chiuse il libro e alzò lo sguardo. Gli adulti si asciugavano le lacrime, i bambini si abbracciavano e alcuni urlavano di gioia.
Per quel giorno, Avalon, scelse il suo di libro, scritto durante il GRANDE BLOCCO.
Un libro che scrisse con amore e speranza, scritto prima per sé stesso e poi per gli altri. Una testimonianza dell'isolamento e il sogno del ritorno alla normalità.
Come dopo un grande sonno, gli uomini si svegliarono e tornarono ad essere umani; amici, nipoti, figli e fratelli.
Del resto, Avalon, lo sapeva.
Per ripartire bisognava iniziare dai bambini.
I bambini sono il futuro e da loro nasce l'umanità
Con le sue storie il vecchio maestro aveva rieducato tutti all'affetto, all'empatia e all'emozione.
Dopo quel giorno, tutto ripartì e tornò alla normalità, ma i bambini continuarono a salire sulla collina per le torte e le storie di Avalon.
La sua casa era sempre piena di persone che andavano, anche solo per un saluto, dal vecchio.
Dopo la sua morte, la sua casa fu trasformata in una grande biblioteca ed una grande statua, del vecchio con il suo bastone, seduto su uno sgabello ed un libro in mano, fu eretta sul prato.
Sulla statua, una scritta incisa, recitava
"Avalon, l'uomo che ci insegnò di nuovo ad amare".

IL MONDO ALL'ANGOLO
di
Sara Del Vecchio

Maggio 2021

È quasi l'alba e Adham viene svegliato dal rumore dei trolley che impazzano nel sottopassaggio della stazione di Milano centrale. Partono moltissimi treni al mattino. Mette il naso fuori dalla sua coperta di lana per sentire che aria tira. Un'aria ancora gelida, anche se dovrebbe essere entrata la primavera già da qualche tempo. Decide di riposare un altro po', almeno fino a quando la solita fiumana di gente non ricomincerà a passargli accanto di corsa, nemmeno stesse partecipando ad una gara. Sono tre anni che Adham vive nella stazione di Milano centrale e dopo tutto questo tempo ancora si chiede dove diavolo vadano tutti così di fretta alle prime ore del giorno. Gente che nemmeno lo guarda in faccia. Lui sta lì che osserva di continuo donne e uomini passare, avanti e indietro, avanti e indietro. C'è chi parla al telefono, chi corre col giornale sotto al braccio, chi urla dentro al microfono di un auricolare. Adham sta lì, con un berretto di lana in testa, in mezzo ai suoi stracci e alle quattro cose accumulate nel tempo. Accanto ha sempre un piccolo sottovaso di colore verde fosforescente, dove qualcuno lascia degli spiccioli prima di procedere per la sua strada.

Tutte le sere in stazione arriva Lisa che si occupa delle pulizie nel sottovia. Dalle 21 alle 23 spazza, lava e disinfetta ogni centimetro di corridoio e almeno una volta ogni due giorni costringe Adham ad abbandonare la sua postazione.

Lasciami disinfettare quell'angolo, su! Alzati un attimo e per cortesia spostami quella roba altrimenti come faccio a pulire?! E quando Lisa comanda non si può che obbedire.

Ogni sera gli porta un po' di roba da mangiare, pastina in brodo, pane e formaggio o delle verdure lesse. Qualche volta gli lascia una focaccia, così che possa avere qualcosa anche per il pranzo del giorno dopo. Non manca mai di aggiungere tovaglioli e posate, per dare una parvenza di dignità a quei pasti consumati sul pavimento.

La carissima Lisa, è stata lei a raccontargli quasi due anni fa cosa stava accadendo in Italia e nel mondo…

Marzo 2020

Adham è confuso, osserva il viavai nella stazione di Milano centrale che in pochi giorni è triplicato. Centinaia di persone avvolte nei propri giacconi, con sciarpe, cappelli e il volto coperto da fogli di carta camminano a passo svelto trascinando valigie enormi, quasi di corsa, come se temessero che qualcuno possa impedire loro di salire a bordo di quei treni. Poi, dopo qualche ora, tutto finito. L'andirivieni è cessato, sono sparite anche le voci metalliche che annunciano arrivi e partenze, ne è rimasta solo una che avvisa i passeggeri di mantenere il distanziamento sociale e di indossare la mascherina. In giro non si vede più nessuno. Ci sono soltanto i militari dell'esercito che si guardano intorno con circospezione e si scambiano occhiate colme di preoccupazione. Regna ovunque il silenzio.

Finalmente Lisa porta qualche notizia. Racconta ad Adham quello che sente in televisione, gli raccomanda di stare attento e gli dona un paio di mascherine. Con la chiusura del Paese la gente è ancora più schiva, quei pochi che attraversano il sottovia lo fanno a testa bassa, persi nei propri pensieri. Camminano assenti a se stessi e al mondo. Adham è diventato invisibile. Nella scala dell'invisibilità ha raggiunto il punto più alto. Ognuno è troppo preso a badare al suo dolore per votarsi a sentire quello degli altri. Chiunque fa i conti con le proprie perdite e i propri timori e non riesce a prestare orecchio alle mancanze altrui. Lisa, dal canto suo, continua come può. Ha smesso di andare in stazione tutte le sere, il suo orario di lavoro è stato ridotto e deve recarsi lì solo due giorni a settimana. Arriva dieci minuti prima per avere il tempo di mostrare ad Adham cosa ha portato con sé. Cibo a sufficienza per tre giorni, un po' di frutta, panini con la frittata, zuppa di legumi e scatolette di carne. Menomale che c'è Lisa, Lisa continua a muoversi quando tutto il mondo pare essersi fermato.

Adham abbandona raramente il suo angolo, sarebbe complicato lasciare incustodite le sue cose, qualcuno potrebbe farle sparire per questioni di decoro o magari di igiene, visto il periodo. Un giorno decide di salire in strada per vedere se davvero qualcosa fosse cambiato come Lisa gli aveva raccontato. Si allontana con fare circospetto dal cumulo di coperte, cammina all'indietro per qualche metro per controllare che nessuno si avvicini. Si affaccia in superficie, raggiunge quello che ha sempre creduto essere il mondo delle persone normali, perché era consapevole, lui, che la sua non fosse affatto normalità. Sapeva che vivere sul pavimento di una stazione non era naturale, ma a cosa serve essere consapevoli? Sale qualche rampa di scale e poi arriva in strada, ma la Milano impazzita, piena di taxi, tram, autobus, non c'è più. Trova una città paralizzata. Il traffico attorno alla gigantesca stazione centrale è svanito, sulle strade deserte i semafori giocano al cambio dei colori, rosso, verde e poi arancione. Vanno di fretta, questi colori, ignari che tanto non c'è nessuno ad attendere il giro.

In tempi ordinari, con gli spiccioli che riusciva a racimolare durante il giorno, Adham comprava l'acqua alle macchinette automatiche. Ora però persino raccogliere cinquanta centesimi è diventata un'impresa. Non c'è quasi nessuno, solo le forze dell'ordine macinano chilometri avanti e indietro. Quei pochi che passano sembra si trascinino appresso un peso, il loro malessere si taglia a fette. Potrebbe chiedere a Lisa di portargli da bere, di certo lo farebbe volentieri, ma lui non sa chiedere, non chiede mai niente. Da tempo ormai il suo avanzare nei giorni dipende dalla carità di pochi.

Una sera è stato costretto a mendicare aiuto. Erano passate troppe ore dall'ultima volta che aveva bevuto un goccio d'acqua, un'arsura tremenda gli raschiava la gola. Ha fermato una donna, ma non riusciva a guardarla negli occhi, sentiva l'umiliazione penetrargli fino alle ossa. A testa bassa le ha chiesto una moneta nel suo italiano striminzito, puntando il dito verso il distributore per farsi capire. Non si è avvicinato molto, ma la signora lo ha respinto con tono violento. Stammi lontano! Ha urlato senza nemmeno il tempo di elaborare la sua domanda. Si è fermata solo un istante e poi ha continuato dritta, con lo sguardo piccato e il passo sostenuto.

Di nuovo maggio 2021

È quasi l'alba e Adham viene svegliato dal rumore dei trolley che impazzano nel sottopassaggio della stazione di Milano centrale. E' quasi l'alba, l'emergenza sanitaria è rientrata, la città e i suoi abitanti sono tornati alla vecchia vita frenetica. Adham è sempre lo stesso, un reietto agli angoli della società. Per lui non è cambiato nulla, continua a non chiedere niente. È sopravvissuto alla pandemia come resiste da anni al freddo, ai morsi della fame e alla solitudine, ma è chiaro adesso, che il mondo nuovo, quello migliore, quello che ci aspettavamo arrivasse dopo mesi e mesi di angosce, è ancora lontano. È lontano e la storia di Adham ne è testimonianza. Ci eravamo illusi, poveri scemi, dopo i gesti di solidarietà rimbalzati sui media, che questo virus ci avrebbe cambiati. Speravamo di vederci trasformati da tante monadi egoiste in una vera e propria comunità sociale. Speravamo di essere tutti un po' più simili dopo aver fatto i conti con la morte. Ingenui di certo, ma dinnanzi al dramma si cerca qualunque appiglio pur di non sprofondare.

Ebbene, il mondo nuovo è ancora in cammino e la sua meta è lontana. Siamo noi che fatichiamo a lasciarlo arrivare, ne ostacoliamo il progresso, non siamo pronti. Stiamo qui, impegnati a preservare il nostro equilibrio precario a metà fra il baratro e la finzione. Si esiste a metà fra la presa di coscienza della finitezza umana e il rito del travestimento che ricomincia ogni mattina. O indossiamo una maschera o incorriamo nella malattia, non ci sono alternative. Avanziamo incerti sul percorso a ostacoli che è la vita, con gli occhi affaticati dal pianto, annebbiati dalle sofferenze più intime e perciò in grado soltanto di volgere lo sguardo in avanti. È uno sguardo che asseconda un riflesso naturale, ma che non cattura gli angoli.

Sono scomodi da guardare gli angoli, richiedono il sacrificio della distrazione. Domandano di abbandonare per un attimo ciò che ci sta di fronte per catalizzare l'attenzione da un'altra parte. Sono penosi gli angoli, reclamano una svestizione per riuscire ad entrare nei panni altrui. È un enorme sacrificio, si tratta di cambiare pelle oltre che prospettiva. E poi, a dirla tutta, fanno anche male gli angoli. Incarnano tutta la miseria umana, quella celata sotto gli stracci, nella voce che non chiede, nel dolore che non fa rumore.

Il mondo di dopo farà il suo ingresso solo quando il nostro sguardo riuscirà a contemplare anche quell'angolo alla nostra destra o quell'altro alla nostra sinistra. Sono tantissimi, gli angoli di questo vecchio mondo e sono più vicini a noi di quanto crediamo. Ne condividiamo la disperazione, gli interrogativi, la rassegnazione in ognuna delle sue sfaccettature. In fondo ognuno di noi è un angolo. Che invoca attenzione, che domanda ascolto, che grida, senza gridare, aiuto.

IL VIRUS DELLA VERITÁ
di
Tonia Rotondo

Era il primo giorno di primavera, la stagione rivoluzionaria, quando si svegliarono gli abitanti dell'isola bella, con una strana impellenza sulla punta della lingua.
La bocca di ciascuno divenne tutto un fremito e la testa un vortice di fantasie inaudite, la pancia iniziò a borbottare e la coscienza a farsi finalmente sentire. Nel giro di poche ore, la piazza di fronte al mare si trasformò nel mercato delle parole: era uno scambio libero e festante di segreti inediti e confessioni piccanti.
Un nuovo nemico era nell'aria, che nella notte aveva disarmato tutta l'isolana specie. Nessun uomo d'arme, ma un guerriero invisibile, sedizioso e testardo: era il "virus della verità".
"Ho le tette finte!" cantavano contente ora le donne passeggiando, mentre orgogliose mostravano il décolleté acquisito; "è pezzotto!" urlavano impettiti gli uomini d'affari, senza un soldo, mentre esibivano il proprio Rolex falso; "ho di meglio da fare!", invece di lavorare, confessavano gli eroi dell'impiego pubblico, mentre beatamente se ne andavano bighellonando. E intanto che i commessi, fuori dai negozi, sollecitavano a non comprare, tuonando che "nessun acquisto vale il prezzo da pagare", le coppie felici, a passeggio sul corso, si scambiavano nomi di avvocati per un sereno divorzio.
Essendo il vero sempre contagioso, oltre che il miglior monito da cui farsi contaminare, questo virus possedeva un indice di contagio alto e una forte carica virale, perché "praticare la verità" è la più alta forma di esempio che si possa trasmettere all'altro.
Vi erano poi gli asintomatici, coloro cioè già abituati a realizzare concretamente le regole della verità, considerati i più pericolosi perché ingestibili.
Così, per scongiurare una pandemia oltre confine, furono emanati diversi e repentini decreti legislativi: divenne innanzitutto obbligatorio portare la mascherina, per tenere il più possibile la bocca chiusa; s'impedirono visite anche ai parenti stretti, per scoraggiare incontri in casa, luogo intimo in cui le apparenze diventano più espugnabili; si vietarono gli assembramenti, per non favorire pericolosi punti di vista a confronto; infine, non riuscendo a contenere la trasmissibilità del virus che sembrava fuori controllo, ci fu il rischio di un vero e proprio lockdown.

"Per evitare offese e fraintendimenti", si disse.
Nonostante l'evidenza del contagio in atto, continuavano a esserci i negazionisti: coloro cioè che pensavano non ci fosse una sola verità, essendo questa sempre relativa, e che pertanto non si potesse fare un distinguo tra verità e menzogna, tra la realtà oggettiva e la propria visione della realtà. Insomma, erano quelli che non sentendosi bugiardi dicevano di non esserlo.
Furono decretate poi zone di vario colore in base alla gravità delle rivelazioni.
Nella zona rossa si confessavano tradimenti d'amore in corso da una vita, posti di lavoro ottenuti con la raccomandazione, mazzette prese per gli appalti, tasse mai pagate, capitali non dichiarati, falsi invalidi, voti e giuramenti mai rispettati.
Nella zona arancione ogni donna confessava al partner le proprie fantasie, parlava finalmente del ciclo mestruale e non più del marchese misterioso, mentre suggeriva all'amica eccentrica di non vestirsi più come una cocotte e alla timorata di Dio di provare prima o poi i piaceri della carne. Ma la timorata di Dio confessava di non essere più vergine da immemore tempo.
Nella zona gialla gli uomini dimezzarono drasticamente il numero delle loro esperienze passate e le donne lo moltiplicarono. I degustatori di vino cessarono la pantomima dello show del calice e ammisero divertiti che il vino lo senti veramente solo quando arriva alla testa.
Tutti gli isolani erano lì, a ridersela tra loro con battute su paure e desideri. L'evasore che se la spassava con l'usuraio, il marito a braccetto con l'amante della moglie e con la sua, il prete con la sua perpetua.
Sì, perché questa pandemia portava non solo le persone al bisogno impellente di confessare la verità, ma dava loro anche la capacità di accettarla. Per questo diventava ancora più facile rivelarla.
E le conseguenze furono straordinarie.
La pratica del vero non offendeva più, non feriva, non mortificava: ognuno voleva sapere la verità dell'altro per vedere meglio sé stesso. I segreti appresi non facevano più scandalo, ma ristrutturavano le vecchie convinzioni verso la ricerca di diverse e più ampie visioni del mondo.
Così l'isola iniziò a prendere una forma nuova, dove tutto sembrava più terso, più nitido, più autentico, e l'aspetto reale delle cose assunse un valore inestimabile.
Nessuno più tentava di coprire i propri imprescindibili difetti con il trucco, il senso d'inadeguatezza con gli abiti firmati, il disagio che talvolta si provava con un sorriso forzato. Il coraggio saltò fuori e urlò contro tutte le piccole paure, mentre ogni opprimente silenzio mutò in una dissenteria

di confessioni cariche di sincerità.
Nessuno più restava intimidito davanti a grossi paroloni e altisonanti titoli. Il contenuto del discorso superò la forma e ogni dibattito divenne legittimo e carico di senso.
Si sentivano tutti sollevati, più amorevoli e capaci di accettazione, meno cauti e meno vili, più spontanei e più disposti a essere loro stessi. I risentimenti accumulati si sciolsero, le richieste divennero lecite e i segreti nascosti fino a quel momento non apparivano più così terribili, né più inconfessabili.
Cessò l'inganno come strumento di controllo e manipolazione sugli altri e vennero meno le "bugie bianche", quelle lusinghiere, considerate inutile palliativo di conforto e vana ricerca di approvazione.
Così le vetrine dei negozi non rimandavano più l'immagine di passanti stressati e frettolosi, ma persone allegre e più leggere, detentori di meno timori. Gli uomini e le donne non erano più controfigure di loro stessi, personalità fittizie, attori dei convenevoli, burattini del loro ego e vittime dell'idea di sé.
Sembravano tutti pazzi, ma erano diventati semplicemente liberi.

Il virus ben presto però portò a una grave crisi economica, perché fu chiaro a tutti che acquistare oggetti inutili e superflui, da barattare con il proprio tempo, non conveniva più. "Avere tempo" divenne la cosa più desiderabile e, essendo il passar dei giorni ancora gratuito, le vendite crollarono.
A stretto giro, un'equipe di virologi, epidemiologi, tuttologi del web e scienziati del marketing dalle "grandi balle", fu chiamata a trovare la formula del "sedativo vincente", quello che avrebbe debellato la malattia e riportato tutto alla normalità.
Era troppo pericoloso continuare a esplorare tutte le altre possibili conseguenze dell'epidemia.
Fu così trovato in tutta fretta un vaccino e al suo posto rientrò la solita "influenza stagionale del falso", laddove la menzogna, attraverso le sue formule consumate, si vestiva di verità. A essa si era già abituati e anche se li rendeva di nuovo fragili, codardi, timorosi, copie sbiadite di loro stessi, tutti accettarono di buon grado ciò che appariva rassicurante e consueto.
La verità lasciò spazio all'illusione e alla viltà, e, mentre si debellava, si accompagnò alle facce smunte, alla paura di manifestarsi, alle nuove strategie di finzioni condivise, all'ansia e ai nodi alla gola.
I legami si fecero esili, perché solo parlarsi apertamente e darsi senza filtri ci fa appartenere all'altro.

Così i litigi tra le mura di casa aumentarono nuovamente, perché i tradimenti non cessarono, ma non erano più confessati, né tollerati; tra le mura degli uffici ripresero guerre tacite e competizioni tra poveri; le conversazioni tra amici s'infittirono, dove ogni commento franco fu considerato poco onorevole e fuori luogo.
Tornarono di gran moda ovunque messinscene clamorose degne di un bazar. Si era di nuovo tutti ingannati e ingannatori contemporaneamente, retrivi filistei, gesuiti simulatori, miseri commedianti, sceneggiatori di fantasie. Clandestini in terra natia.
Gli animi persero la loro balsamica ironia e la felicità, perduto il suo motivo d'essere nell'autenticità, trovò il suo vecchio posto sulla sedia consunta e noiosa dell'adeguamento.
Mentire a noi stessi rende ciechi di fronte alla realtà e ogni nobile obiettivo si distorce.
Tuttavia la verità esiste e rimane indomita, anche quando sembra soccombere.
Se la bugia è strategica, la verità muove dalla pancia. Essa è spudorata, egoista, una virtù amara. Ma apre gli occhi, muove il cervello, mobilita la coscienza, scuote l'esistenza.
Cercare la verità significa voler indagare dentro e insieme sporgersi fuori, accettare il rischio della luce e l'incognita del buio. Accogliere la verità è come denudarsi, un atto sovversivo ma debito per l'amor proprio e il rispetto dell'altro.

Alla fine, nel giro di pochi giorni, tutti furono vaccinati e il virus non uscì dall'isola e per fortuna non raggiunse mai il governo, altrimenti tutti avrebbero capito che nessuno di quelli seduti sulle poltrone aveva mai operato per il bene comune.
Imbellettati di cattivo gusto quasi da non essere riconoscibili, ornati con fronzoli che nascondevano il vero aspetto e con la mano sui social, dove si dichiarava "giuro di non dire mai più la verità, di non rincorrere la sostanza, di non cercare oltre l'apparenza", si andava a recitare, dopo sterminate file, nell'ambulatorio più vicino, per poi uscirne storditi nei pensieri e intorpiditi nelle emozioni.
Pochi giorni dopo ogni cosa tornò com'era prima, gli isolani si adattarono alla rassicurante, condivisa e apparente normalità e il virus venne presto dimenticato.
Eppure, era accaduto qualcosa che aveva cambiato l'aria, quella già carica di sale, e tra le reti del porto e i loro perali, giù al molo, su un muro, apparve e vi resta la scritta: "La viltà è una minaccia alla libertà".

Era il primo giorno di un'altra nuova primavera, la stagione rivoluzionaria, e quello che era accaduto, anche se presto dimenticato, fu una boccata d'aria sana, sopita ma non del tutto bandita, nel tempo delle umane paure e delle inutili bugie.

AUDIENCE
di
Roberto Gulminelli

> Perché servire in paradiso...
> quando si può regnare all'inferno?
> Alan D. Altieri

Questa storia non appartiene al mondo agonico.
Il vecchio si era dissolto ma quello attuale era ancora in formazione.
A quel tempo, ero un giovane vagabondo.
Ricordo una vecchia che viveva nel seminterrato di un palazzo in rovina, nei bassifondi di Bogotà, con un gregge di orfani raccattati per strada. Era sempre stordita da polveri allucinogene e spesso mormorava storie bizzarre.
Mister Cannon, disse una notte, era un fortissimo lottatore. Possedeva una grande palestra in cui allenava altri lottatori. Aveva anche una figlia, la piccola lottatrice Jade.
Un giorno Mister Cannon fu ucciso sul ring da un rivale spietato e incurante delle regole. La piccola Jade, accecata dal dolore e desiderosa di vendicarsi, sfidò l'assassino a battersi con lei. Tutti pensarono a una follia momentanea, ma Jade faceva sul serio e l'avversario accettò. La macchina organizzativa si mise in moto, fu fissata una data e si cercarono sponsor. L'interesse intorno a un match tanto insolito si rivelò presto altissimo e fu prevista un'audience stellare. Gli organizzatori furono rapidi a superare gli scetticismi, uno di loro, lo sceicco di Avalon, ben consapevole dei potenziali guadagni, propose la capitale del suo Regno per ospitare il match, facendosi garante per tutte le spese logistiche.
I membri del team Cannon diedero per scontato che Jade non avrebbe combattuto contro il mostruoso avversario. Pensarono che si sarebbe ritirata subito, o avrebbe fatto combattere qualcuno in sua vece, ma la piccola lottatrice ribadì la sua intenzione. Di fronte a chi le faceva notare che era pura follia, fu irremovibile nell'idea di vendicare suo padre.
Si organizzò il viaggio ad Avalon. L'intero staff fu imbarcato su una nave enorme, che rimase in mare per molti giorni, fino ad avvistare possenti mura difensive. Avalon era un regno proibito, la nave dovette passare una ciclopica chiusa. Lungo il fiume si affacciavano città, con edifici costruiti secondo commistioni di antichi stili. Erano quasi tutti in rovina, con parti convertite in modeste abitazioni moderne. Ovunque si avvertivano i

sentori di povertà e decadenza, panni stesi sul tetto piatto di quello che sembrava un tempio, bambini cenciosi intenti a giocare sui terrazzi di un palazzo nobiliare costruito a gradoni.
La capitale sorgeva su una grande laguna ed era invasa dalle vestigia di un passato glorioso. Palazzi dall'aspetto sontuoso erano divenuti squallide case popolari, le strade un caotico viavai di persone di ogni sorta, sporche e piene di polvere, fumi e odori strani.
La nave fu ormeggiata in un porto gestito da bambini che a stento arrivavano ai dieci anni, con sguardi allucinati, grossi denti neri, storti e sporgenti. Ognuno aveva due cerniere lampo attraverso il viso, innestate nella pelle, come se i crani non riuscissero a stare insieme. La prima scendeva al centro della fronte fino a lambire il setto nasale, la seconda partiva da dove la prima si chiudeva, attraversava zigomo e guancia e svaniva sotto l'orecchio. Alcuni, forse i più poveri, al posto delle cerniere avevano semplici placche metalliche.
La laguna era intasata da ciclopiche navi da crociera, rigurgitanti persone accorse per assistere al match. Il palazzo scelto per l'evento aveva la forma di una gigantesca ziqqurat, in tutta la città si erano istallati megaschermi, per quanti non erano riusciti a procurarsi il biglietto.
Il palazzo dello sceicco era il solo davvero magnifico e l'accoglienza fu degna di una favola. Jade però aveva sofferto il mal di mare per tutto il viaggio, era debole e febbricitante. Il problema giunse subito all'orecchio dello sceicco, l'incontro era fissato per la sera successiva e il suo grande spettacolo non poteva fermarsi per un banale inconveniente.
La mattina del gran giorno, un uomo anziano, accompagnato da un enorme lupo grigio, si presentò alla porta di Jade. Era un noto sciamano, potente nell'arte della guarigione. Sedutosi accanto al divano sul quale languiva la piccola lottatrice, impose le mani su di lei e cominciò a salmodiare in una lingua che solo lui e il lupo potevano comprendere. Il rito durò ore, al termine Jade riacquistò colorito ed energie. Si gridò al miracolo, in realtà il vecchio le aveva trasmesso buona parte delle sue forze e sarebbe crollato, se il grande lupo non fosse stato pronto a offrirgli sostegno. I presenti si preoccuparono ma lui li rassicurò, ora desiderava parlare in privato con Jade.
Rimasti soli, le chiese il perché di quella follia, perché fosse così ansiosa di morire. Lei ribadì che non si sarebbe ritirata, perché solo i codardi si ritirano, come le ripeteva quasi ogni giorno suo padre. A lungo il vecchio cercò di farla ragionare ma, ora che egli stesso le aveva ridato vigore, era più che mai agguerrita. Allora le propose un patto, prima dell'incontro, lui e il lupo avrebbero concentrato tutta l'energia disponibile e il vecchio

sarebbe entrato nel palazzo dello sport, si sarebbe sistemato tra il pubblico e le avrebbe trasmesso magicamente la forza. In quel modo, Jade avrebbe potuto tenere testa all'avversario per almeno tre riprese, un risultato onorevole contro un mostro del genere. Specificò anche che il suo potere poteva aiutarla, ma solo se quello non le avesse messo le mani addosso. Se fosse riuscito a ghermirla, nessuna magia avrebbe potuto salvarla.

Quella sera, l'arena divenne una bolgia molto prima del gong. Negli spogliatoi si cercò ancora di dissuadere Jade dal combattere, ma rimasero altre parole al vento. La piccola lottatrice si presentò sul ring con addosso soltanto la cintura dell'ultimo titolo conquistato. Il vecchio immaginò subito a chi appartenesse l'ennesima, nauseante trovata per alzare l'audience. Il pubblico indemoniato incoraggiava Jade, ma il vecchio ne avvertiva le reali emozioni. Intimamente desideravano il massacro della piccola lottatrice nuda, il sangue, qualcosa che normalmente non avrebbero potuto avere. Il vecchio desiderò il potere di far crollare il palazzo e ucciderli tutti.

Jade combatté bene, saltando come impazzita in ogni zona del ring. Balzava sulle corde, sui montanti, colpiva e fuggiva. L'avversario era lento e goffo, ma consapevole di dover solo attendere. I colpi di Jade, pur tecnicamente validi, non potevano scalfirlo.

Trascorsero egregiamente non tre ma otto riprese. Il vecchio era sul punto di svenire, i vicini di posto, pur nella concitazione, chiedevano a turno se stesse bene. Il legame spirituale con la ragazzina era forte, sentiva le parole dello staff come fosse stato accanto a lei, tutti la invitavano a gettare la spugna. Lo fece anche lui, comunicando tramite il potere.

Basta così, hai resistito molto più a lungo del previsto, puoi ritirarti con tutti gli onori.

No!

La risposta di Jade gli giunse secca come uno schiaffo, gli fece quasi un male fisico. Sentì gli occhi inumidirsi e il cuore stringersi.

Perché vuoi morire?

Il contatto si spezzò. Il vecchio non aveva più forze da trasmetterle, se non decidendo di morire a sua volta, ma nemmeno quel sacrificio l'avrebbe salvata dalla sua stessa follia.

Alla nona ripresa, Jade apparve subito esausta. L'avversario, furioso per il lungo inseguimento, non le risparmiò nulla.

Fu uno spettacolo orrendo.

Audience.

Non servì gettare la spugna, il mostro non aveva mai inteso seguire le regole. Gli organizzatori avevano puntato proprio su questo, nessuno si

fece avanti per salvare Jade, i membri del suo staff furono bloccati dal servizio d'ordine.
Audience.
Il ring grondava sangue.
Audience.
Un vicino di posto aiutò il vecchio a guadagnare l'uscita, gli chiese se avesse bisogno di altro.
Figlio di puttana.
Hai goduto nel vedere una bambina massacrata da un mostro, però hai aiutato un vecchio che da solo non riusciva a camminare, non so nemmeno come definirti.
Audience.
Una litania nella testa.
Audience. Audience. Audience.
Arrancò penosamente dietro alcuni bidoni dell'immondizia, dove il lupo lo raggiunse, pronto a donargli energia come sempre. Attesero finché le luci del palazzo dello sport non furono spente, il parcheggio quasi vuoto. Lo sceicco di Avalon sostava con le sue guardie del corpo accanto a una smisurata limousine, chiacchierando sulla buona riuscita della serata.
"Presumo tu sia soddisfatto." Lo apostrofò il vecchio.
L'uomo, basso e ben piazzato, elegantemente vestito, con gli occhiali scuri inforcati nonostante l'ora tarda, fece segno ai suoi gorilla che era tutto a posto. Lui e il vecchio camminarono fianco a fianco senza guardarsi, verso la riva del mare.
"Devo ringraziarti." Canzonò lo Sceicco. "Senza di te, sarebbe durato molto meno."
"Puntavi su questo quando mi hai fatto chiamare." Constatò il vecchio con tono incolore.
"Sapevo come ti saresti mosso."
"E cosa ci abbiamo guadagnato, a parte altre vite distrutte?"
"Non farmi la predica. Ne ho ascoltate fin troppe da te, per troppo tempo, non intendo più farlo, dovresti saperlo."
"Non è una predica, è una domanda."
Lo sceicco si tolse gli occhiali, rivolse al vecchio uno sguardo incollerito.
"Io do al pubblico quello che vuole vedere e così faccio i soldi, niente più e niente meno. Da molto tempo, mi sono abituato a mettere da parte gli scrupoli di coscienza."
Parole che il vecchio aveva ascoltato in altre occasioni.
"Nostra madre ci ha fatti proprio diversi." Commentò amaramente.

"Stammi bene." Lo liquidò lo sceicco.
Il vecchio rimase solo sulla riva del mare, inutile e patetico. Aveva fallito con Jade come con suo fratello. Era un buono irrimediabile, illuso che nel mondo potesse esistere ancora qualche forma di bontà, uno stupido.
La luna piena si specchiava nelle acque immote della laguna. Fu solo la sua stanca immaginazione, ma gli parve di vedere il volto di Jade che gli sorrideva da quello della luna.
"Piccola stupida!" Urlò. "Nessuno ti ricorderà, mi ha sentito? Nessuno!"
Si strappò i capelli e si lacerò le vesti, gettò sassi contro la luna riflessa, infine crollò in ginocchio in preda ai singhiozzi.
"Sei solo un'altra piccola vittima dell'audience!"

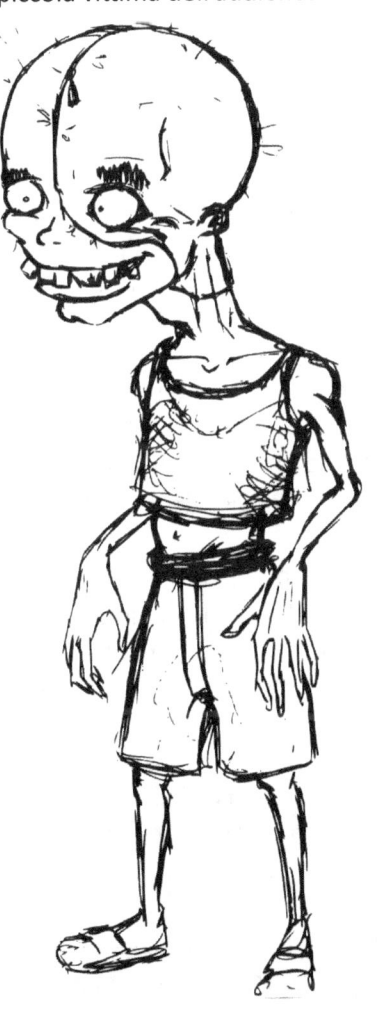

Disegno by Dex

SUPER CICCIO
di
Simonetta Borghi

È da quando è stato ricoverato in ospedale che ad Avalon, nell'ufficio di Emy, fatina delle emozioni, arrivano solo i suoi pensieri.
La parabola sul tetto dell'ufficio è potente, ma lo deve essere anche quel bambino.
Emy è una fatina alternativa, aiuta i bambini a trasformare i pensieri negativi, dirottando le loro energie sulla positività delle cose realizzabili anche in situazioni difficili.
"Che baccano" mugugna tra sé, sgranocchiando un cracker.
Stacca il "cuore elettrico" dalla presa e ci si siede sopra sospirando, la sua merenda dovrà aspettare, è troppo curiosa di conoscere il nuovo cliente.
Nel parcheggio le altre fatine la guardano un po' perplesse, è sempre stata strana Emy, e la scelta del suo veicolo suscita ancora grasse risate.
Lei però ci si sente a suo agio, fare in modo che ogni cuore sia sereno e pieno d'amore è la sua missione, quindi ha rotto le scatole a tutti i costruttori di trabiccoli elettrici per averne uno proprio di quella forma, simile ad una fragola.
"Che pettegole" pensa Emy pigiando start e "che coraggio" le verrebbe da dire, sono di memoria corta le sue colleghe, pensare che una di loro è diventata famosa cavalcando una scopa di paglia!
Il tragitto è breve, Avalon, il quartier generale delle fate, non è lontano dall'ospedale.
Sorvola l'ingresso del pronto soccorso e sale fino al reparto pediatria.
Più la meta si avvicina, più i pensieri del piccolo le arrivano nitidi.
Lo vede, in quella grande stanza sembra minuscolo, è steso nel letto, si lamenta, ha male al collo ma non perde mai di vista i due adulti al suo fianco.
Ha dei tubicini infilati nel braccio.
Emy si avvicina e spande nell'aria un po' delle sue bolle magiche soffiandole dalla sua mini bacchetta, le vede sfiorare la guancia del bimbo, appena toccano la sua pelle, lui guarda verso il soffitto.
È il segnale, ha avvertito la presenza di Emy.
La vede, o meglio vede questo piccolo oggetto strano che gli svolazza a pochi centimetri dalla testa, sembra una fragolina di bosco e dentro scorge una piccola donnina con i capelli neri che gli sorride.

Ha un sussulto e stringe impaurito la mano del papà ma non dice nulla, in fondo è curioso, ma gli hanno tolto gli occhiali e non è sicuro di vedere bene.
-C'è qualcosa che sta volando. I suoi genitori si scambiano un'occhiata triste.
-Non c'è niente tesoro, tranquillo. Lo rassicura la mamma.
Al bimbo scappa un sorrisino, ha capito che non la vedono e stanno pensando che la febbre lo fa delirare.
Non vuole farli preoccupare ancora e contro voglia richiude gli occhi: ha visto la donnina mostrargli un cartoncino " chiudi gli occhi e non parlare". Esegue subito le istruzioni e nella sua mente appare l'oggetto misterioso: vorrebbe gridare dalla gioia, è meglio che giocare alla Wii, è proprio una fragolina e la donnina lo sta guardando soddisfatta e sta parlando.
-Ciao! Emy è orgogliosa di essersi sintonizzata sul canale giusto.
Lui è ancora indeciso sul da farsi, l'ha sentita, ne è certo, ma se parla i suoi danno di matto e iniziano a cercare aiuto.
-Non devi avere paura di me, solo tu puoi vedermi e sentirmi, possiamo comunicare con la forza del pensiero, per rispondermi ti basta pensare. Io sono Emy, la fatina delle emozioni e questo è cuore elettrico, il mio veicolo.
-Figo! Da dove vieni?
-Da Avalon, all'ospedale c'è tanto lavoro per noi.
-Ci sono altre fate??? Il piccolo non riesce a trattenere l'eccitazione.
-Siamo in tante, ognuna con la sua specialità. Io sono qui per aiutarti.
-Sei tipo un elfo di Babbo Natale? Porti dei regali?
-No, io aiuto a creare emozioni, emozioni positive.
-Emozioni? E cosa sono esattamente? Ribatte un po' stizzito.
-Le emozioni sono delle sensazioni, delle reazioni a cose che succedono nella vita. Io aiuto a stemperare quelle negative che fanno male, per farle diventare positive e meno dolorose.
-Come coi colori a tempera? Quando si aggiunge un po' d'acqua perché sia più facile colorare?
-Bravissimo! Questo è l'aiuto che ti darò. Avresti preferito la fatina dei desideri o quella delle barzellette?
-No, cioè forse sì. Il bimbo tentenna.
-Però...per le barzellette c'è già il mio papà che è bravo a raccontarle, e la mia mamma è sempre pronta a realizzare tutti i miei desideri. Vorrebbe saperne di più, nessuno gli ha mai parlato della fatina delle emozioni, nemmeno la maestra.

-Mi racconti che cosa ti rende più triste in questo momento? I pensieri che mi sono arrivati sono diversi dal solito. Sono pensieri speciali.
-Allora sono speciale anche io?
-Credo proprio di sì. Emy ha catturato la sua attenzione.
-Sei malato, sei un bambino intelligente e sono certa che l'hai già capito, senza che se ne accorgessero hai ascoltato i discorsi dei grandi, ti fa male dappertutto e hai poca voglia di mangiare...ma i tuoi pensieri vanno oltre questo.
-Guarirò, vero? Chiede tranquillo.
-Certo che guarirai, ma prima ti devi rasserenare, i tuoi pensieri devono ritornare limpidi. Dobbiamo fare in modo che dal tuo bel cuoricino si diffondano di nuovo emozioni felici.
-Mi piace, posso raccontare di te ai miei amici?
-Certo che sì, prima però devo compiere la mia missione. Vogliamo parlare delle emozioni negative?
-Ok, è che io li vedo che sono preoccupati, e mi sento inutile, non ho molta forza.
-Intendi mamma e papà?
-Sì, la mamma è forte, forse ne sa anche più dei dottori, sembra il capo del reparto, lei legge un sacco è bravissima ad organizzare tutto, ma lo so che sta male e vorrebbe riposare. Papà è più pauroso, come me, la mamma usa la parola apprensivo, non so che cosa vuole dire esattamente, ma lo vedo che è strano, non mangia nemmeno, lui che è un mangione.
-E' normale sai, sono così perché ti vogliono bene. Non è nell'ordine naturale delle cose avere un figlio malato in ospedale, può succedere certo, ma si è più abituati a vedere le persone anziane malate in queste situazioni. È un po' come vedere il mondo che va al contrario.
-Mmm..forse ho capito, e al contrario fa schifo, come quando ti viene da vomitare in macchina se guardi indietro.
-Esatto! Sei forte davvero.
-Dici sul serio? Io sono forte?
-Tu sei super!
-Allora aiutami Emy, voglio essere ancora più forte, voglio sopportare meglio le punture e voglio fare il bravo quando devo prendere le pastiglie senza urlare e piangere.
-Non sarà difficile, vedrai che ci riuscirai: inventa storie dentro di te, sogna sempre, ad occhi chiusi ma anche aperti, pensa di essere una specie di super eroe, tipo super Mario, solo che sei reale e non nella Wii, quando ti senti triste fingi di avvolgerti in un mantello e pensa che tu

solo stai provando nel mondo quella sensazione, e tu solo sei in grado di sopportarla. Perché sei super, perché hai il dono dell'ironia e della fantasia, perché la tua mamma e il tuo papà sono speciali, proprio come te.
-Wow..non vedo l'ora di andare a scuola e dirlo ai miei amici! Ma..devo darmi un nome o no?
-E' importante, certo, se no come fanno a distinguerti dagli altri super eroi?
-Vero, però non saprei.
-Sbaglio o il papà ti chiama Ciccio? Che ne dici di diventare Super Ciccio?
-Fa un po' ridere, dici che può piacere?
-E' originale di sicuro e nessuno potrà mai copiarlo.
-Allora ok, sarò Super Ciccio.
È soddisfatto ma ha consumato un bel po' di energie e i pensieri si stanno facendo più rarefatti.
-Emy, sono stanco, posso dormire?
-Ma certo tesoro, la mia missione è quasi finita e tu devi riposare.
-E se non ce la faccio ad essere forte? E se mi viene ancora da piangere?
-Beh, ti confido un piccolo segreto, piangere fa bene, si buttano fuori cattivi pensieri in forma liquida, l'importante è non farlo troppo spesso.
Gli fa l'occhiolino e lo vede sprofondare in un sonno ristoratore.
È mattina presto quando il bimbo si risveglia, non riesce più a vedere Emy né ad occhi aperti né ad occhi chiusi, ma si sente molto meglio e ha fame. Tra i sorrisi e le coccole dei genitori, aspetta l'arrivo della colazione e vuole disegnare.
Sente i medici dire che la cura sta facendo effetto ma la sua attenzione si è fermata incredula sul foglio che ha davanti: fatta con i colori a matita c'è una fragola a tutta pagina con due lettere in grassetto al centro S e P.
È nato Super Ciccio.
Mamma e papà lo abbracciano felici, li sente appena chiedere quando ha fatto quel disegno, è al settimo cielo, non risponde e guarda in alto, lui sa chi è stato.
Emy è appena fuori dalla porta e sorride tra sé soddisfatta, ora può tornare ad Avalon, Super Ciccio è ancora un cucciolo, ma crescerà, missione compiuta.

L'ANGELO CUSTODE
di
Elena Battipaglia

Era una piacevole mattina d'inverno quel giorno. Aprii leggermente gli occhi quando sentii i passi della padroncina: – Buongiorno Ichi. – sussurrò avvicinandosi alla piccola finestra aprendola e facendo entrare la tiepida luce del sole. Yawn. Un altro giorno uguale a quello prima e quello prima ancora. Scesi dalla cuccia, stiracchiandomi la schiena e avviandomi al piano di sotto, più per abitudine che altro. Attesi sul tappetino della cucina l'arrivo della padroncina, dandomi nel frattempo una lavata veloce – Facciamo colazione, si? – La guardai arrivare e mi misi seduto composto con la coda sulle zampe anteriori, osservandola. Mi sorrise per un istante, poi si voltò e sentii il rumore di qualcosa che veniva strappato, accompagnato dal tintinnio metallico di qualcos'altro che si posava sul piano marmoreo. Un profumino invitante riempì le mie narici e per la curiosità mi levai su due zampe per osservare meglio cosa stesse facendo – Si Ichi, si. Un attimo. – mi disse ridendo accarezzandomi la testa dolcemente e poggiando poi il piattino metallico sul pavimento. Anche se non avevo fame, mangiai con voracità quella pappa fatta di pollo, tacchino e verdure. Era delizioso, da leccarsi i baffi. La mia preferita in assoluto. Alzai per un istante lo sguardo sulla padroncina, guardandola: se ne stava seduta al tavolo in mezzo alla cucina a bere qualcosa che aveva un profumo forte e amaro. Mi guardò e sorrise appena – che c'è, mio soldatino, vuoi un po' di succo d'arancia? – disse bevendo poi un altro sorso di quella cosa. La tentazione di salire sul tavolo da lei era forte, ma preferii girarmi e continuare a mangiare, finché il piattino non rimase vuoto. Quando poi mi allontanai, la vidi prendere e poggiare la mia ciotola sul banco, osservandola per un lunghissimo momento. Potevano sembrare giorni tutti uguali, ma percepivo una strana sensazione proveniente dalla mia padroncina. Quando c'era qualcosa che non andava lei mi parlava sempre, ma quella volta era diverso, sembrava come se le parole le morissero in gola e aveva un'aria triste. La vidi portare la mano sul viso e d'improvviso sentii un singhiozzo strozzato e notai lacrime rigarle il viso.
Oh, no, mia padroncina. Cosa succede? Perché stai piangendo? Parlami.
Nell'attimo in cui mi avvicinai nel tentativo di consolarla, lei si girò di scatto e senza neanche notarmi mi passò attraverso le viscere. Sentii per un attimo il mio respiro bloccato e mi voltai a guardarla allontanarsi verso il bagno. Non capii. Sembrava come se fossi lì, ma allo stesso tempo era

come se lei non potesse vedermi. Mi guardai intorno, girando un po' per quel piccolo appartamento che avevo imparato a conoscere. Mi parve tutto come sempre, niente era fuori posto. Alzai lo sguardo sulle mensole e solo allora mi accorsi che su una di queste era stato aggiunto qualcosa di nuovo. Saltai sui mobili evitando agilmente i ninnoli e subito alcuni oggetti attirarono la mia attenzione una volta raggiunta la mensola: una cornice portafoto con accanto uno dei miei giocattoli e un piccolo vaso dalla quale si levava il profumo dolce dei fiori ormai quasi sul punto di appassire. Osservai la foto. C'era un altro gatto, qualcuno che mi assomigliava molto, che aveva il mio stesso portamento e che sedeva esattamente come me, come un soldatino. Fu in quel momento che compresi.

Ero io in quella cornice.

Ma cos'è successo? Com'è accaduto? E perché non ne ho memoria?

Non feci in tempo a realizzare la cosa che la padroncina tornò nella stanza. Solo allora, guardando nella direzione della cucina, notai che il piattino con dentro la mia pappa era ancora pieno. Si era calmata in qualche modo, o almeno non piangeva più a singhiozzi. Alzò lo sguardo verso di me – Ichi... - sussurrò appena. Solo allora capii che lo sguardo non era rivolto a me, ma alla cornice con dentro la mia foto.

Oh, padroncina, se solo potessi farti capire che sono ancora qui con te. Sono proprio qui. Guardami.

Scesi con un balzo giù dalla mensola e mi avvicinai a lei, strusciandomi tra le sue gambe cercando di farle capire che ero là, ma sembrava proprio non notarmi. Si andò a sedere alla sua scrivania subito dopo, la sentii sospirare pesantemente. Sapevo bene che ore fossero. Così, inconsapevolmente, le saltai sulle gambe accucciandomi per bene nel tentativo, forse vano, di tenerle compagnia, come ero solito fare. Studiò quindi tutto il giorno. Verso il tardo pomeriggio sentii qualcosa vibrare sulla scrivania della padroncina. Era quello strano oggetto che si portava dietro praticamente ovunque, lo stesso oggetto con la quale era solita scattarmi fotografie.

– Amore? –

Una voce maschile rimbombò per tutta la casa semivuota. Era una voce familiare per me. Era il padroncino, il compagno della mia padroncina.

- Ehi... Come è andata la giornata? –
- Bene, ho finito ora, sto scendendo a fare un attimo la spesa... Tu come stai? –
- Mah... il solito... -
- Dalla voce non pare proprio... -
- Non lo so... è tutto come sempre... -
- Nah, non ci casco, ti conosco... perché non scendi un po'? Oggi non

avevi detto che Avalon riapriva? Perché non vai a trovarli? –

- Non mi va di scendere, e poi ho già detto al presidente che non sarei andata... -

- Dai amore non fare così... lo so che ti manca Ichigo, manca anche a me, ma non puoi chiuderti in casa così tutto il giorno anche con la situazione attuale che c'è in giro. Scendi un po', dai, così ti distrai e cambi pure un po' aria. Sono sicuro che ad Avalon saranno felici di vederti se ci vai oggi. -

- Uff, e va bene... vado a prepararmi... -

- Brava... io ora vado un attimo... ci sentiamo dopo così poi mi racconti... -

- D'accordo. Ciao ciao! –

Io le mancavo.

Nel silenzio della casa sentii nuovamente un profondo sospiro. Alzai lo sguardo sulla padroncina, volendo vederla. Era sicuramente stanca. Chiuse qualche attimo gli occhi, un attimo che sembrò eterno, anche per me che la osservavo. Chissà a cosa pensava. Mugugnò qualcosa, sollevando lo sguardo verso la finestra e senza nemmeno che me ne accorgessi si alzò, andando verso la camera da letto. Poco dopo tornò vestita di tutto punto. Aveva deciso di andare, allora. Si incappottò per bene all'ingresso e dopo aver infilato le scarpe, uscì. Decisi di seguirla, per vedere dove andasse.

Dopo aver attraversato lunghe vie e sceso scalini di ogni tipo, giungemmo in un luogo a me sconosciuto ma a lei molto familiare. Entrai subito dopo di lei in quella stanza piena di persone e sgattaiolai fino alla finestra, poggiandomi sulla mensola per osservare meglio: tutti coloro che stavano lì la accolsero con fare festoso, come se non la vedessero da tanto tempo. Le chiesero di tutto: come stesse, cosa facesse da quelle parti, come stesse il padroncino... lei sorrideva, sembrava felice di vederli, e parlarono molto di cose a me per lo più incomprensibili, ma la padroncina era presa dalla chiacchierata e tanto mi bastava.

La sua felicità era la mia.

Passò la serata insieme a quelle persone, mangiando e giocando insieme, finché non arrivò l'ora di tornare a casa. Ripercorremmo la strada a ritroso, stavolta guardinghi. Erano strade per lo più buie, e il mio istinto mi diceva di stare attento. Io ero il suo soldatino e dovevo proteggerla.

A metà strada, però, sentii qualcosa, qualcosa che aveva percepito anche la padroncina: un miagolio. La vidi spalancare gli occhi: era un miagolio tenue, sottile ma nitido, eppure triste. Poco più avanti, infatti, sia io che lei, vedemmo attraversare il viale da un gattino, uno di quelli che hanno appena aperto gli occhi e imparato a reggersi su quattro zampe. Non ci pensò due volte a correre nella sua direzione, chiamandolo e forse

spaventandolo, ma era già sparito dietro l'angolo.
- No! La strada! -
Non glielo feci ripetere due volte. Corsi più veloce di lei, cercando di raggiungerlo. Nonostante l'ora tarda, alcune auto continuavano a passare e vidi il cucciolo attraversare pericolosamente la strada famigerata.
- No! Aspetta piccolino! -
Il gattino sembrava sordo al richiamo della padroncina e una macchina stava giungendo a tutta velocità proprio in quel momento. Sicuramente non ce l'avrebbe fatta.
- No! Non andare lì! -
Si fermò proprio sul bordo del marciapiedi vedendo arrivare la macchina e portò le mani al viso impaurita da ciò che forse di lì a poco avrebbe visto, ma istintivamente scattai prima di lei e anche un po' inconsapevole della mia nuova natura, sovrastai col mio spirito il corpo immobile del gattino che, seguendo esattamente i miei movimenti, si mosse rapido oltre la strada superando la macchina, illeso.

Provai una strana sensazione: era come se in quel momento fossi stato il suo istinto e la sua guida. Mi chiese chi fossi e pianse impaurito per ciò che era successo. Lo rassicurai, dicendogli che l'avrei protetto io, perché qualcuno avrebbe voluto che lo facessi. Finì lì.

Un attimo dopo la padroncina attraversò la strada, raggiungendoci. Il gattino era tremante e lei si inginocchiò subito ai suoi piedi per non metterlo a disagio con la sua imponenza. Il cucciolino pianse. Pianse tutte le lacrimucce che aveva in corpo, guardandosi intorno spaesato.
- Tranquillo tesorino, calma... ora ti porto a casa. -
Nemmeno lo finì di dire che si tolse la pesante sciarpa di lana e l'avvolse intorno al piccolo per tenerlo al caldo. Vidi la padroncina attraversare nuovamente la strada per tornare a casa. La seguii per qualche isolato, ma poi mi fermai, rattristato per non essere riuscito a farmi vedere ancora da lei. Miagolai un'ultima volta, salutandola per andarmene, ma lei si bloccò ancora. Si guardò intorno, come se stesse cercando qualcosa, poi si girò verso di me, come se m'avesse finalmente visto. – Ichigo! L'hai salvato tu, vero? – La vidi sorridere e piangere allo stesso tempo – Bravo! - Mi chiamò, schiudendo le labbra come era solita fare per chiamarmi – Dai! Torniamo a casa. – mi disse incamminandosi. Forse vaneggiava. Credevo non potesse vedermi, eppure mi ha sentito. Non mi importò poi molto, sapevo solo di voler stare ancora un po' con lei. Ero felice con lei.
Quella notte tornammo a casa insieme, non più soli.

IL FIORE DI SETA
di
Luana Vitaliano

Mi svegliai di colpo, sudato. Ero in un luogo freddo, completamente al buio. Mi sollevai sui gomiti sentendo il mio corpo pesante. All'improvviso apparve una luce accecante assumendo forma rettangolare: una porta? Sì, era una porta. Scattai in piedi e senza pensarci, varcai la soglia. Fui accecato da un forte bagliore, ma una volta giunto dall'altra parte, potei mettere a fuoco e mi ritrovai in mondo strano. Il cielo era plumbeo, rischiarato soltanto da lampi e fulmini. Non esisteva alcun elemento antropico: nessuna città, nessuna strada, soltanto arida terra fino a perdita d'occhio.
Mossi un passo e le mie scarpe crearono una piccola crepa nel terreno arido. Sicuramente non pioveva da tempo immemore. Sentii un tonfo alle mie spalle, mi voltai e la porta era sparita.
«Dannazione sono fregato!»
Al di là dell'orizzonte i fulmini saettarono squarciando le nubi, c'era una tempesta in arrivo. Non ebbi altra scelta: iniziai a camminare verso l'ignoto. Continuai per ore, tentando di placare la mia ansia mista alla curiosità crescente.
Dopo diversi chilometri di cammino, mi imbattei in una fievole luce rossastra. Era un fuoco la sua luce rischiarava un sagoma rannicchiata in terra. Era una ragazza. Lei non si accorse di me, stava seduta, con le braccia cingeva le sue ginocchia. Indossava un mantello ingrigito da polvere e terra. Il viso era coperto da una massa ondulata di capelli. Singhiozzava. Ebbi timore di spaventarla, esitai, ma in quel preciso istante lei sollevò lo sguardo.
«Stai tranquilla, io non voglio farti del male. Mi sono perso.»
Scattò in piedi guardinga.
«Chi sei? Da dove vieni?»
«Sono Marius. Non so come sono arrivato qui. Ho varcato una porta luminosa e mi sono trovato qui. Puoi dirmi dove ci troviamo?» chiesi con dolcezza. La ragazza abbassò lo sguardo, poi lo rialzò con timidezza, si portò una mano al viso come per ripulirsi.
«Sei giunto ad Avalon. Era una terra fiorente e prospera fin quando la morte è venuta a decimare la mia gente. Il nostro mondo è cambiato di colpo ed io sono rimasta sola.»
Mi portati la mano alla bocca.

«Avalon? Non conosco nessun luogo chiamato così. Ti prego spiegami cosa è accaduto.»
Mi sedetti di fronte a lei, mentre i tuoni e i fulmini continuarono ad avvicinarsi minacciosi.
«È una storia molto triste e lunga...»
«Io non ho fretta. Ti va di dirmi il tuo nome?» feci io rassicurante. Lei prese fiato.
«Io, sono Miriam.»
Aveva lo sguardo più triste che avessi mai visto.
«Ti ascolto Miriam...»
«Prima venne la carestia, i campi sono diventati aridi e tutto il raccolto è andato perduto. Poi una terribile malattia ha decimato tutto il bestiame e poi... la mia gente mostrò i sintomi di un brutto male: la febbre, il mal di stomaco. La loro pelle divenne scura e gli occhi divennero simili a due pozzi profondi. Il mio intero clan si è estinto in una settimana. Sono l'unica a essere rimasta immune al morbo. Ho tentato invano di soccorrere i miei amici. Non ho potuto fare altro che seppellirli uno ad uno...»
Provai orrore nell'udire quelle parole.
«Sono addolorato per le tue perdite. Quelle macerie sono la tua casa?»
Lei annuì.
«Come se tutto il resto non bastasse, abbiamo subito l'attacco dei subdoli Mercenari. Soldati avidi e spietati che attaccano la gente pacifica. Con le loro macchine da guerra hanno abbattuto la mia casa.»
Rimasi seduto e in silenzio aspettato che continuasse come incantato e allo stesso tempo impietrito.
«Strisciai fuori dalle macerie e invocai aiuto. Vidi alzarsi un uomo in armatura. Si avvicinò a me barcollante e compresi dal colorito della sua pelle che anche lui era caduto preda di quel virus. Tutti i mercenari si erano infettati e ora giacevano in terra. Ancora una volta ero la sola sopravvissuta.»
«Ma cos'è questa malattia?»
Lei scosse appena il capo.
«Non so rispondere a questa domanda. Ma tu che non sei di qui, faresti meglio a fuggire prima che il virus infetti anche te.»
«Ma io voglio...»
Scosse la testa per spingermi a tacere.
«Prosegui rapido. Tenta di metterti in salvo, almeno tu.»
Sospirai esasperato.
«Ascolta Miriam, voglio aiutarti!»

«Aiutarmi?» mi rivolse un sorriso terribile. «Nessuno può!»
«Ma io non saprei dove andare. Sono giunto qui tramite un misterioso passaggio luminoso. Se ti ho incontrata ci sarà un motivo.»
Rimase in silenzio. Guardò un punto imprecisato alle mie spalle. Mi voltai di scatto per comprendere cosa avesse catturato la sua attenzione. A un metro da dove eravamo seduti noi, c'era un piccolo orticello fiorito. Strano a vedersi in mezzo a tanta desolazione.
«I fiori di seta sono sopravvissuti.» la sua voce si spezzò per la commozione. Il fiore bianco sembrava una rosa. Lo stelo era adornato da foglie strane a forma di cuore, bianche e lucide. Mi avvicinai per sfiorarlo, le foglie si mossero ed emanarono una luce fatua e un odore straordinario, d'un tratto mi sentii pieno di energia. Recisi delicatamente un fiore e lo infilai in tasca.
«Questo fiore è tipico di Avalon. Li coltivo fin da bambina e sembra che siano gli unici in grado di restare in vita. Come me...»
«Sono molto belli. Ne porterò uno nel mio mondo, ammesso che riesca a tornarci.»
Sorrise finalmente.
«Forse è il caso che io ti conduca a quella misteriosa porta di cui mi hai parla...»
La terra subì un fortissimo sussulto, ci afferrammo istintivamente per sostenerci a vicenda. Quando la scossa di terremoto cessò, ci guardammo negli occhi.
«Faremo bene a muoverci. Mostrami da quale parte sei venuto» mi disse in tono allarmato. Voltandomi cercai di riprendere il sentiero percorso. Nel silenzio interrotto soltanto dai boati dei tuoni, ricordai il motivo per cui mi ero ritrovato nella stanza buia: avevo desiderato fuggire dal mondo, perché il disagio e la solitudine erano diventati troppo da sopportare. Ero sempre triste, non c'era nessuno con cui potessi andare d'accordo, nessuno che mi capisse. La terra tremò ancora, l'afferrai per una mano e la trascinai nella corsa. Si formarono ampie spaccature del terreno che mostrarono fiumi di magma. Ne avvertì il calore. Dopo ore di corsa intervallate da brevissime fermate, per riprendere fiato, giungemmo presso un crepaccio profondo almeno dieci metri. Presi a tossire forte.
«Aspetta Miriam, devo fermarmi. Non ho più fiato.»
«No! Siamo vicini alla meta. Fai uno sforzo. Mi prenderò cura di te.» disse lei, ma i suoi occhi si spalcarono e vi lessi il terrore. «No, anche tu! No!» Mi toccò la fronte, adagiandovi le proprie labbra come per baciarmi.
«Scotti. Hai la febbre!»
«Deve essere a causa della corsa e poi del calore che proviene dal

sottosuolo» tentai, ma in fondo al cuore sapevo.
«No Marius. I tuoi occhi, la tua pelle hanno cambiato colore. Non so come, ma ti sei ammalato anche tu!»
Si portò le mani tra i capelli colta dall'orrore. A quel punto dovetti ammetterlo: stavo male. A poco a poco le mie forze vennero meno. Mi accasciai. Lei mi fu subito al fianco per tenermi su la testa, mi cullò come una madre affettuosa.
«Mi dispiace.» sussurrò piangendo.
«A me no. Anche se dovessi morire in questo istante lo farei tra le braccia della ragazza più dolce che abbia mai incontrato.»
Istintivamente tirai fuori il fiore di seta e glielo offrì. Nel vederlo le sue lacrime scesero ancora più copiose. Nel momento esatto in cui una sua lacrima bagnò un petalo, un timido bagliore illuminò ogni cosa e subito avvertì che il malessere che stavo vivendo stava svanendo. Basita mi guardò, mentre il fiore lentamente appassì.
«Allora è questo che mi ha protetta: Il fiore di seta!»
Battei le palpebre perplesso.
«Sono cresciuta coltivandoli, avvolta dal loro aroma. Li ho perfino mangiati, ma non sapevo che avessero un simile potere curativo. Oh, se solo avessi immaginato...»
Pianse evidentemente sopraffatta dal senso di colpa. Mi drizzai.
«Stupefacente il fiore certo, ma credo che sia stata la tua compassione sincera ad aver permesso alla sua magia di curarmi. Non hai potuto salvare la tua gente, è vero, ma hai impedito che morissi anch'io. Ti prego gioisci di questo.»
Mentre ci guardavamo la mia attenzione fu richiamata da qualcosa di estremamente luminoso e familiare.
«L'uscita!» urlai vedendo riapparire la porta.
«L'entrata!» gridò lei.
I nostri sguardi s'incrociarono nuovamente, iniziammo a ridere. Con naturalezza e trasporto mi allungai verso di lei, le nostre labbra si toccarono, si fusero. La strinsi a me con tutta la forza che avevo. In quel bacio espressi tutto quello che provavo, oltre la gratitudine, un amore crescente e un'immensa gioia. Non fu facile, ma trovammo in noi la forza di separarci.
«Marius, ho paura.» ammise. Benché non fosse di una bellezza impressionante, la trovai meravigliosa, con il suo viso ovale e i lineamenti sottili, il naso all'insù e le labbra sottili.
«Non avere paura, sarò sempre con te. Andiamo?»

Ma lei rimase piantata dov'era.
«Sei sicuro che vuoi che venga con te? Non conosco altro luogo oltre ad Avalon.»
«Questo mondo cade a pezzi. So che temi l'ignoto. Qualunque cosa accadrà, saremo insieme. Sono disposto a lottare. Affrontare le avversità a petto nudo, per te.»
Alle nostre spalle tutto il territorio iniziò a sbriciolarsi, Tenendoci stretti per mano avanzammo.
Mi svegliai di soprassalto. Ero nella mia camera, inorridì capendo che avevo sognato tutto. Mi alzai a sedere a mezzo busto e strizzai gli occhi. Deluso che quell'avventura non fosse accaduta realmente. Ero ancora solo e senza amore. Qualcosa colse la mia attenzione, adagiato sulla scrivania c'era un fiore bianco di seta con i petali a forma di cuore. Mi levai rapido e lo afferrai. In fondo, se qualcosa il sogno mi aveva insegnato è che esiste la possibilità di trovare un barlume di felicità nella vita. Dovevo uscire dal mio guscio e cercare mia vera anima gemella.

I GUARDIANI DI AVALON
di
Vladimir La Corte

Malyta andava spesso a caccia ma oggi era un giorno speciale e non poteva mancare alla premiazione del miglior cacciatore. Sei anni dopo la morte di re Arosio, Kingar divenne il maestro di Alvad e presentò il suo allievo alla gara di caccia che si sarebbe tenuta nella foresta di Randuil. Alvad aveva sconfitto diverse volte Malyta in duello, non mostrò nessun segno di preoccupazione nei confronti della sua avversaria.
Malyta : "Arrenditi Alvad, stavolta non riuscirai a battermi."
Alvad iniziò la gara di caccia, seguito da Malyta e da altri tredici ragazzi. Solo quattro di loro raggiunsero il traguardo e ottennero la nomina di guardia reale del generale.
Kingar: "Ottimo lavoro. Lura, Alvad, Malyta, ricevete in dono questi magnifici Unka."
Lura radunò gli altri compagni, ma Alvad non era un tipo facile da guidare e lo inviò alla ricerca di un'antica pergamena. Quattro anni dopo, un cavaliere giunto da Taur, consegnò un messaggio a Kingar, Lura gli corse incontro ma prima che i due potessero parlare, le fiamme avvolsero Randuil. Due lupi videro il generale e saltarono su di lei per attaccarla ma Malyta fu più lesta e li trafisse con due frecce. Lura diede l'allarme e in un istante si ritrovò circondata dai suoi cavalieri. Rammentò della promessa fatta al suo amico Alvad e partì alla ricerca di Avalon. Alvad tornò dalla sua missione e Malyta lo informò sugli eventi trascorsi durante la sua assenza.
Alvad: "Malyta raggiungi il nostro generale e assicurati che torni viva."
Lura era diretta alla sacra fonte, dove un antico re la attendeva per istruirla sul potere oscuro. Malyta era sempre più vicina al generale ma vide una squadra di nani dispersi e li prese con sé. Lura percorreva il sentiero di Avalon, alla guida di dieci soldati ma un cavaliere la fermò e la mise in guardia su ciò che avrebbe trovato oltre la torre. Lura non volle credere al misterioso cavaliere e raggiunse la torre di Avalon.
Carso: "Sono Carso, guardiano di Avalon. Tornate indietro".
Lura era decisa a proseguire ma portò con sé solo quattro soldati e lasciò il comando al capitano Malyta Turr. Il cavaliere doveva proteggere chiunque fosse nella sua dimora e seguì Lura. Malyta allestì un piccolo campo e inviò un soldato a Taur per chiedere rinforzi ma, dopo un anno, del generale Lura neanche l'ombra. Il cavaliere Carso tornò da Malyta e creò uno specchio d'acqua per portarla dal loro generale. Il giovane soldato,

inviato alla fortezza, chiese cinquanta cavalieri e, Kingar inviò delle aquile in supporto alla squadra di Turii. Alvad, il capitano della cavalleria reale di Kingar, partì con i suoi compagni e le aquile.
I seguaci di Jad-kal avevano ridotto in cenere la grande foresta di Randuil, Lura era impegnata in un duello contro uno stregone ma Carso richiamò un gigante dal mondo dei morti per proteggere il generale. Malyta era circondata da dieci assassini, un passo falso e tutto sarebbe stato inutile, chiuse gli occhi, sentì il suo respiro e affondò la lancia sul terreno. Con un salto, fece un giro su se stessa e scagliò una raffica di pugnali sugli avversari. Erano rimasti solo in dieci contro Lura, Malyta e Carso ma si muovevano con una sincronia unica. Alvad raggiunse il generale, i Turr superarono gli assassini, e si radunarono intorno al loro generale. Carso creò un'ultima fiamma, ma le sue energie erano esaurite e la fiamma esplose. Carso ordinò a tutti di tornare a Randuil ma Lura non si arrese e cercò di inseguire gli ultimi quattro assassini. Il terreno iniziò a tremare sotto i loro piedi e altri mille assassini uscirono dalle grotte, alle spalle della foresta. Carso attinse alla magia restante e si trasformò in un gigante, chiamò tutte le creature della foresta che accorsero in suo aiuto, mentre i Turr diedero prova della loro potenza. Malyta sembrava divertita e cavalcò verso i suoi avversari, scagliando frecce, in piedi sul suo destriero. Lura cercava con gli occhi una qualsiasi traccia del generale avversario, ma la sua vista non era abbastanza. Prese una delle aquile che sorvolavano la foresta, e vide un'ombra, al fianco di uno stregone, dinanzi alla grotta più grande. Lura tese il suo arco, Malyta le consegnò la sua lancia, Carso radunò le sue bestie e le guidò all'interno della grotta. La montagna nascondeva un sentiero interno, diverse trappole nascoste attendevano le loro vittime, ma solo la metà dei Turr vi lasciò la propria anima. Lura, Carso e Malyta continuarono lungo il sentiero che conduceva nelle viscere della montagna ma, si arrestarono alla vista di un cancello e, provarono a comprenderne le origini. Carso non poteva trasformarsi, non sarebbe stato saggio spendere le ultime energie, Lura riconobbe il sigillo al centro del cancello e v'incastonò la sua collana.
Carso: Tu sei la discendente di Nial?
Lura: Mio padre mi portava qui. Sono cresciuta con i draghi ma non ve ne sono più, a causa di Terkan.
Malyta: Guardate, qualcuno viene verso di noi. Un troll.
Anche Carso aveva percepito la presenza del troll ma non lo considerava una minaccia. Il troll sfondò il cancello e stava per sferrare il suo martello su Lura quando lei mostrò il sigillo e il troll s'inchinò. I tre compagni entrarono in una sala, giunsero dinanzi ai resti di un ponte e il troll

suonò diverse volte il suo tamburo ma nessuna risposta giunse. Una luce apparve dal nulla, prese Lura e la portò dall'altra parte del ponte, il troll fece lo stesso con Malyta e Carso. Il drago di luce girò tre volte intorno alla sala, con un soffio, aprì un varco al di sopra della grotta e raggiunse le mura a difesa di Avalon, l'ultima dimora dei draghi. Centinaia di dragoni sorvolavano le rovine dell'antica città, alla ricerca di potenziali minacce per i loro cuccioli. Re Ghor aveva atteso a lungo l'arrivo del generale Lura, Malyta lo vide arrivare e rimase incantata dalle ali immense del drago.
Carso: "Ecco dove si sono nascosti per tutti questi anni."
Lura sentì il potere del suo maestro, attraversare il suo corpo e vide alcuni frammenti di una storia, la sua. Malyta parlò al re dei draghi ma non ottenne risposta, Lura comprese la decisione di Ghor e accettò le condizioni della loro permanenza. Carso sentiva sempre meno l'energia del troll che li aveva condotti alla città e si voltò per cercarlo ma non lo vide. Tornò dinanzi alle mura e vide il troll impegnato ad abbattere alcuni Tirii, inviati da Jad, per catturare i cuccioli dei draghi, ma l'ultimo tirio aveva radunato i suoi compagni che assalirono il troll e lo sconfissero. Carso raggiunse il troll ma non era abbastanza forte per affrontarli tutti e suonò il corno dei draghi, usato diversi anni prima dal re Arosio per vincere la grande guerra contro i demoni di Dhor. Lura e Malyta raggiunsero le mura di Avalon e videro i draghi in una sanguinosa battaglia contro i tirii, riconobbero Alvad mentre difendeva quattro cuccioli di drago e, tentarono di raggiungerlo ma i nemici erano troppi, così iniziarono la loro battaglia. Alvad raggiunse il suo generale con una delle sue aquile e Malyta teneva testa a dieci tirii quando Lura mostrò il suo medaglione. I draghi si radunarono intorno a lei, ma l'armata di mercenari invase Avalon. Alvad riuscì a salvare diversi cuccioli di drago ma non riuscì ad evitare un attacco di uno stregone dinanzi a lui e cadde, privo di sensi, mentre il suo sguardo si fermava sulla sua amata.
Malyta: "Alvad.... noooo."
Il tempo sembrava essersi fermato mentre Malyta raggiungeva il suo capitano, non poteva perderlo. Lura tentò di portarla via da quell'inferno ma la rabbia prese il sopravvento sulla guerriera, il suo corpo prese fuoco, il vento divenne sempre più forte e generò un tornado potentissimo che travolse le armate di Jad ma anche diversi cuccioli di drago. Il generale dei mercenari tentò di sconfiggere Lura ma fu travolto dal tornado di Malyta, Lura attirò Ghor con il corno di Carso e, il re dei draghi prese Malyta, priva di sensi e la portò nella fortezza. Ghor rimase a vegliare sulla guardiana, al fianco di Lura per quasi due mesi, mentre i loro sguardi seguivano i funerali di Carso, Trifer e cento cuccioli di drago. Otto anni

dopo, Alvad consegnò il suo regno al giovane Astar e nessuno rivelò il segreto dei draghi ma il giovane Mustaf trovò le antiche scritture e rivelò al suo popolo le vere origini della grande Avalon.

LA LEGGENDA DI KELSIEN IL SOLITARIO
di
Antonio Forestieri

Lo chiamano "Il Solitario", un cavaliere errante di un'altra epoca, una reliquia sopravvissuta all'usura del tempo, grazie al retaggio antico del suo sangue.
Ha vagato per molti Regni, vedendoli sorgere e cadere, dimenticando lo scorrere del tempo stesso alla ricerca della donna che amava.
Ripudiato da tutto e tutti, attraversa queste lande mettendo la sua spada al servizio dei bisognosi, luce nell'oscurità, scudo degli indifesi, cuore d'acciaio e spirito indomito.
Temuto dai nemici e amato dai giusti, quando compare sui campi di battaglia è un'ombra fugace, ma decisiva, la quale non chiede gloria o riconoscimento, ma solo giustizia.
Questo è ciò che si racconta di lui, una leggenda vivente, per molti solo un mito. Una certezza invece, per coloro che hanno incrociato il cammino o la spada con lui.
Estratto da: "Le leggende di Calindria" su Kelsien il Solitario.

L'amore di un cavaliere errante
"Mia dolce Elise, io non sono altro che una spada ormai, nulla più che un'antiquata e polverosa reliquia di tempi andati ... e forse con essi sarei dovuto sparire. Se sono qui oggi lo devo solo a te, ma nonostante ciò temo che in questo mondo non ci sia più posto per quelli come noi..." disse il Solitario alla sua amata donna.
"Ciò che posso fare è combattere, brandendo la mia lama per coloro ai quali questo mondo appartiene ed apparterrà" concluse in tono amaro.
La dama si mosse sinuosa e leggiadra verso l'uomo, gli sorrise radiosa e disse "Non dire così, mio nobile cavaliere, proprio te devo sentir parlare in questo modo? Tu che mi insegnasti cosa significa non arrendersi mai? Tu, che rinunciasti a tutto per me, dicendomi che nulla aveva significato se non fossimo stati insieme per sempre? Tu, che fino allo stremo delle tue forze mi difendesti, e ancora oggi mi difendi, da ogni male?"
Elise poggiò la mano delicatamente sullo spallaccio dell'armatura di Kelsien, mentre l'altra scivolava aggraziata sotto il mento
"Proprio ora che mi hai ritrovata? Salvandomi da un destino ingrato, dal quale non sarei mai potuta fuggire senza di te... per 100 anni ti ho atteso e per altrettanti ti attenderei se fosse necessario per dare pace al tuo animo.

Per rinfoderare la tua spada, non per arrenderti, ma per avere le mani libere, per stringermi a te come facevi un tempo" continuò determinata, sapendo dove colpire per risollevare lo spirito del suo cavaliere.
"So che riprenderai la tua spada se necessario, ancora e ancora, per difendere non solo me, ma anche ciò in cui credi, i tuoi compagni,il tuo regno, anche se fossi l'ultimo rimasto in piedi su un cumulo di macerie fumanti, circondato dai tuoi nemici."
"Tutto questo, non per il giuramento che facesti alla tua casata, ma perché è la cosa giusta da fare ed è ciò che farebbe il mio amato Kelsien."
Il cavaliere non parlò. Elise lo conosceva bene, anche dopo 100 anni non aveva dimenticato la promessa fatta e nemmeno una delle parole che le aveva detto. Questo riaccese in lui una rinnovata speranza.
Kelsien si alzò, fissando Elise negli occhi, che non lo guardavano con compassione o pietà, ma con amore e ammirazione, come tanto tempo prima. Nonostante fosse divenuta una strega, una creatura che l'Ordine aveva giurato di sterminare, la sua Elise non era cambiata.
Si, l'avrebbe protetta, quella era e sarebbe sempre stata la sua missione, ed anche se lui non lo sapeva, tale protezione era reciproca, poiché anche Elise avrebbe dato la vita per l'uomo che amava.
"Alzati ora cavaliere, riposa, così l'indomani potrai combattere con rinnovato vigore, non cercherò di dissuaderti, poiché so che farai ciò che è giusto indipendentemente dalle conseguenze e da quanto io possa temere di perderti"
Il Solitario sorrise, prese delicatamente la mano della sua dama e se la portò al petto, il suo cuore pulsava vigorosamente, tradendo la sua espressione spesso impassibile e scultorea.
La abbracciò con dolcezza, le scostò i capelli e si avvicinò piano finché le loro labbra non si incontrarono in un passionale bacio.

L'onore del cavaliere
Sir Conrad giaceva al suolo privo di forze, simboleggiando la sua disfatta, mentre il suo avversario, Kelsien il Solitario, sollevava la spada in segno di vittoria.
Lo sconfitto attendeva che la lama cadesse sul suo capo, ponendo fine alla sua vita, poiché questa era la tradizione dei duelli cavallereschi "onore o morte".
Chiuse gli occhi, sentiva il proprio respiro come un rantolo nel petto, il sapore del sangue gli riempiva bocca e l'odore della terra gli inondava le narici. Dunque sarebbe stata questa l'ultima cosa che avrebbe provato prima del colpo di grazia... che però non sembrava non arrivare...

Eppure era lì, inerme, indifeso, debole come un fuscello spezzato da un vento impetuoso, eppure non assaggiò il freddo filo del metallo per l'ultima volta.
Ciò che udì fu invece un tonfo nel suolo, che lo portò a spalancare gli occhi con timore, ma ciò che vide scatenò tutt'altro sentimento. Il suo avversario gli porgeva la mano, sanguinante, emaciato, quasi quanto lui, ma sorridente ed inginocchiato sino ad abbassarsi al suo livello.
"Avanti alzati, nobile cavaliere, non è ancora giunta la tua ora" esordì Kelsien.
"Ma perché?" gli chiese Sir Conrad mosso da un'inquieta sfiducia "Perché non prendi la mia vita qui e ora, come da tradizione? Vita o morte, questa è la regola di un vero cavaliere, ho perso il mio onore e merito la morte" disse rassegnato.
"Perché esiti di fronte ad un cavaliere che ti porge la mano in amicizia? Perché dubiti della mia parola? Tradizione? Me ne infischio, mio buon messere, poiché la normalità è stabilita spesso da persone che la spada non l'hanno mai brandita e che il campo di battaglia lo hanno visto soltanto ai postumi della battaglia stessa, per piantare il loro stendardo e reclamare la vittoria pagata col sangue altrui".
Sorrise nuovamente, sapendo di aver fatto breccia nel cuore del suo avversario. "Siamo più simili di quanto credi, mio buon cavaliere, combattiamo, sanguiniamo, cadiamo e ci rialziamo, per poi rientrare nella mischia e difendere ciò in cui crediamo".
Sir Conrad inconsciamente afferrò la mano di Kelsien e venne riportato in piedi, mentre quest'ultimo incalzava con parole decise e risolute.
"Si può combattere senza odio nel cuore, si può difendere qualcosa senza far danno agli altri, dando comunque tutto se stessi, ed è questo ciò che ho visto oggi nel nostro duello, messere, ed è per questo che oggi vi chiedo se vi unirete a me".
"Voi siete un folle Sir Kelsien! Il regno di Woller non vi permetterà mai di portarmi con voi, ho infangato il loro nome e per questo merito la morte. Se non sarete voi a prendere la mia vita, saranno loro quando farò ritorno in patria, dunque fate ciò che dovete..."
Kelsien lo interruppe. "Amico mio, scusate se mi permetto questa confidenza, ma sono convinto che un avversario degno di rispetto, in fondo, possa essere considerato tale. Non posso permettervi di rinunciare così facilmente, incontri come questi sono rari. Di cavalieri come voi, che sanno ancora cosa voglia dire l'onore, capaci di battersi senza ricorrere a trucchi e inganni, capaci di puntare non alla gloria, ma all'onore sia nella vittoria che nella sconfitta. Ormai ce ne sono pochi e per questo e molti

altri motivi non posso permettervi di arrendervi al fato crudele"
"Perché, ditemi, rischiare tanto? Perché farsi un potente nemico quando sarebbe più facile seguire le tradizioni?"
"Perché a me le regole altrui stanno strette, Sir Conrad, perché io stabilisco le mie regole e scrivo il mio destino, assieme agli altri valorosi cavalieri che mi affiancano nel Regno di Avalon"
"Avalon?" chiese perplesso "Mai sentito questo regno, di cosa parlate? State vaneggiando"
"No, mio caro amico, è la realtà. Voi non siete il primo e non sarete nemmeno l'ultimo dei valorosi cavalieri che si aggiungono a questa nobile causa. È il motivo per cui vi ho proposto questa sfida sin dal principio, verificare che quanto si dicesse su di voi fosse vero, che siete uomo d'onore, di altri tempi, e che nulla è più importante per voi del vostro credo."
Sorrise nuovamente. "Sapete, io diffido sempre delle dicerie, poiché io stesso ne sono vittima ed è per questo che oggi ho voluto parlarvi di persona e sfidarvi era l'unico modo per farlo, ma con gioia constato che, una volta tanto, quelle che sono spesso voci infondate quest'oggi si sono rivelate più vere che mai"
"Voi siete un folle Sir Kelsien..."
"Un folle ed un sognatore prego..." lo interruppe con tono serio, ma cordiale.
"Lasciatemi finire ve ne prego, che con queste ferite è un miracolo che riesca a parlare... siete un folle, ma avete un cuore nobile ed un forte ideale, per cui credo sia giunto il momento che anche io insegua i miei ideali piuttosto che una stupida tradizione".
Kelsien sorrise e porse la propria spalla come appoggio a Sir Conrad. "Molto bene. Allora è deciso. Lasciate che vi accompagni da un medico per trattare queste ferite".
"Prima ditemi una cosa" lo interruppe Sir Conrad "Qual è il credo dei Cavalieri di Avalon?"
Gli occhi di Kelsien si illuminarono alla richiesta. "Noi ci battiamo per dimostrare che la vera cavalleria non è morta, quella che combatte al fianco degli umili e degli indifesi, quella che fa da scudo contro l'oscurità e la corruzione della società moderna, ripudiando i suoi dogmi di egocentricità e lucro, abbracciando gli ideali di onore e giustizia, dove non importa a quanto sacrificio portino le nostre azioni, purché siano la cosa giusta da fare"
"Questo è ciò che significa essere un Cavaliere di Avalon".

C'ERA UNA VOLTA UN PIANETA AZZURRO

C'era una volta un pianeta azzurro
una storia raccontata ai bambini
di
Antonietta Guadagno

C'era una volta un pianeta, il suo nome era Avalon. Immerso nell'atmosfera, girando tutto il giorno su sé stesso, ruotava intorno ad una stella lucente che con i suoi raggi lo illuminava e lo riscaldava. La stella si chiamava Elios ed era così potente da aver generato ogni cosa si trovasse sul pianeta. Sì, perché Avalon era unico e bellissimo. La sua superfice non era liscia e piatta, ma per lo più si allungava a disegnare vallate e pianure, talvolta s'innalzava a formare dolci e sinuose colline o maestose e aguzze montagne. Era percorsa da acque limpide e fresche che si raccoglievano in grandi mari o laghi, spesso scorrevano in fiumi, torrenti e ruscelli, talvolta saltavano da ripide rocce a formare impetuose cascate. Proprio per l'enorme quantità di acqua che lo ricopriva si guadagnò l'appellativo di "azzurro".
Piante d'ogni specie formavano fitte e intricate foreste, ameni boschi e vaste praterie. Animali d'ogni forma e grandezza popolavano l'aria, l'acqua e il suolo.
Ogni creatura conosceva alla perfezione il proprio compito e lo svolgeva fedelmente e scrupolosamente, rispettando i tempi e i modi che Natura aveva stabilito per ciascuna di essa. Armonia regnava sovrana.
Avalon impiegava un anno intero per compiere un giro completo intorno ad Elios. Durante il percorso i suoi raggi non lo colpivano sempre in maniera diretta, motivo per cui si alternavano quattro periodi diversi: Samain, Imbolc, Beltane e Lughnasad.
Samain era il periodo più freddo e più buio, i raggi arrivavano di sbieco, le creature riposavano e si preparavano ad affrontare il risveglio all'arrivo di Imbolc. L'acqua diventava neve e ammantava di bianco le cime dei monti.
Imbolc era un'esplosione di voci e di colori, vestiva le piante di foglie e fiori, incitava gli animali ad accoppiarsi e a riprodursi. Era tutto un fermento, un affaccendarsi di uccelli a costruire il nido per accogliere le nuove creature, di pesci a deporre le uova nel mare e di rettili a preparare un giaciglio nella sabbia.
Beltane, il periodo più caldo, faceva maturare i frutti sugli alberi, sollecitava gli animali a fare il pieno di luce e di calore.
Lughnasad, foriero di vento e pioggia, spogliava gli alberi e spingeva gli

animali a fare provviste e a preparare il ricovero per trascorrere il lungo letargo invernale.

Il tempo trascorreva in questo alternarsi monotono ed ordinato, secondo i criteri che Natura aveva stabilito.

Tuttavia, non era sempre stato tutto così tranquillo e rassicurante, anzi, l'inizio della sua formazione si era rivelato davvero molto burrascoso.

Infatti, nella notte dei tempi, quando tutto era cominciato, il pianeta non era che una palla di fuoco che girava vorticosamente su sé stessa.

Mentre la sua superficie si andava raffreddando, al suo interno si susseguivano frequenti e violente esplosioni che producevano grandi montagne o profondi avvallamenti. La superficie divenne una crosta solida in cui presero forma i continenti. Un continuo bombardamento di meteoriti e comete di ghiaccio lo rifornì di un'enorme quantità di acqua che creò gli oceani, mentre l'attività vulcanica ed il vapore acqueo formarono una primitiva atmosfera, inizialmente priva di ossigeno.

La vita sul pianeta comparve solo molti milioni di anni dopo e ce ne vollero tanti altri ancora per evolversi e generare le creature che oggi lo popolano. Le prime furono le piante che con la loro attività arricchirono l'atmosfera di ossigeno. Poi gli animali. Ogni pianta ed ogni animale si comportava secondo un ruolo prestabilito, all'interno di un sistema complesso ed ordinato, seguendo le leggi dell'equilibrio e dell'armonia.

L'uomo fu l'ultimo a comparire nella scala evolutiva. Certo non era così bello e gradevole come lo vediamo adesso, ma piuttosto tozzo e peloso, più simile ad una scimmia, piccolo di statura, con la fronte spaziosa e la mandibola prominente, naso grosso e schiacciato, bocca grande con labbra sottili. Non era affatto quel che si dice un Adone, divinità greca famosa per la sua bellezza. Ma aveva qualcosa in più, un cervello più sviluppato, una maggiore capacità intellettiva e questo gli fece credere di essere superiore a tutti gli altri viventi.

Fin da subito cercò di avere il sopravvento sugli altri individui, assoggettandoli alle proprie esigenze, utilizzandone a proprio vantaggio le proprietà e le caratteristiche, piegando ogni cosa al suo volere e al suo capriccio.

Col passare dei millenni, s'impose sempre di più, sfruttando e impoverendo le risorse dell'ambiente, senza criterio e senza ritegno, distruggendo o provocando l'estinzione di intere specie animali e vegetali.

Quel bellissimo pianeta azzurro diventa ogni giorno più grigio e sporco, le colline spesso nascondono montagne di rifiuti, i mari vomitano pianure di plastica, l'aria si ammorba di fumo nero e tossico, ogni cosa è contaminata.

La gente vede, sente, sa che Avalon sta andando verso la sua fine, ma sembra rassegnata, apatica, continua a vivere come se il problema non ci fosse. Ma qualcuno non ci sta.
Un giorno, un bel giorno, appare sulla scena una giovane fanciulla del Nord. Nel suo paese le stagioni sono due, il clima è prevalentemente freddo, ma l'uomo pare avere più cervello, essere più avanti rispetto agli altri. La fanciulla non ci sta a guardare il mondo che va a rotoli, la vita che rischia di sparire. Una mattina decide che quel giorno non andrà a scuola. Si reca con la sua bicicletta davanti al palazzo del Parlamento e vi rimane seduta per tutta quella mattina e le mattine seguenti per alcune settimane e poi ogni venerdì, esponendo un cartello dove si legge: **sciopero scolastico per il clima**. Inizia così la sua battaglia per indurre i Potenti del pianeta a contrastare il cambiamento climatico, promuovendo uno sviluppo sostenibile. Il suo sciopero attira l'attenzione dei mezzi di comunicazione di diverse nazioni, in molti paesi vengono organizzate manifestazioni simili: nasce il movimento chiamato **I venerdì per il futuro**. La fanciulla non si accontenta delle parole, ma adotta uno stile di vita, coinvolgendo anche la sua famiglia, che va nella giusta direzione, quella di salvare il salvabile. Rifiuta di viaggiare in aereo, utilizza il treno, l'auto elettrica o la bicicletta per spostarsi; non mangia carne, non spreca l'acqua, differenzia i rifiuti. Tutto il mondo guarda a lei: gli adulti ne ammirano il coraggio, i potenti ne temono gli ammonimenti, i giovani seguono il suo esempio.
La sua voce è un grido e fa rumore.

IL MOSTRO INVISIBILE
di
Antonietta Guadagno

Era un'estate tremendamente calda e i ragazzi giocavano volentieri all'aperto. Quel pomeriggio, particolarmente afoso e rovente, si ritrovarono tutti sulle rive del fiume Ombra, in un punto dove le acque chiare e tranquille si allargavano a formare un'ampia insenatura. Alcuni temerari decisero di fare subito il bagno, in cerca di un po' di refrigerio alla insopportabile calura e, liberatisi dei vestiti, in mutande, si tuffarono in quella sorta di laghetto e presero a nuotare con ampie falcate, sollevando vigorosi spruzzi. Altri più timorosi si organizzarono per giocare a nascondino, considerato che lì intorno di possibili nascondigli ce n'erano parecchi: robusti tronchi di alberi, enormi massi rocciosi, sbilenchi capanni di legno, vecchi casolari di pietra per lo più diroccati e disabitati.
In quell'angolo di paradiso, la natura era esplosa rigogliosa e florida di erbe e fiori d'ogni genere; stormi di uccelli dalle livree sgargianti saltellavano cantando tra le fronde degli alberi, nugoli di farfalle variopinte svolazzavano intrepide di fiore in fiore, miriade di grilli e cicale frinivano instancabili, sciami di insetti d'ogni specie e misura circolavano per terra e per aria. Teneri leprotti e piccoli conigli, sgusciando impavidi dalle loro tane, rapidamente scomparivano alla vista, mentre pigre lucertole se ne stavano immobili rilucenti al sole.
Tutto sembrava contribuire a rendere l'atmosfera allegra e gioiosa.

I nostri piccoli amici si beavano di quelle bellezze senza esserne consci. Ma guardiamoli un po' più da vicino.
Gabriele e Luisa sono i più grandi della comitiva, quattordici anni a settembre, il prossimo anno frequenteranno il liceo, a scuola sono tra i primi della classe. Sono amici dall'asilo e, probabilmente, tra loro c'è più di una fraterna amicizia.
Poi ci sono Vittorio e Angela, fratelli gemelli tredicenni, molto uniti, non hanno lo studio in gran simpatia, tuttavia se la cavano discretamente; amano moltissimo lo sport ed entrambi fanno parte di una squadra di pallavolo.
Alberto, fratello di Luisa, ha dodici anni, a scuola non è molto bravo, è spesso succube della sorella a cui tuttavia è molto legato; la sua passione è la musica, infatti vuole andare al conservatorio e perfezionarsi nello studio del violino.

Lorenzo e Lucia, di dodici e undici, sono fratello e sorella di Vittorio e Angela, vanno abbastanza d'accordo, a scuola ottengono brillanti risultati; sovente ostentano la loro bravura e per questo i gemelli li apostrofano con l'appellativo di "secchioni saputelli".

Infine, le più piccole della combriccola, le gemelle Anna e Valeria, hanno dieci anni e sono le sorelle di Gabriele, frequentano la quinta elementare, sono sempre state nella stessa classe, non si separano mai e se proprio è necessario, lo fanno "obtorto collo".

I più grandi sono responsabili dei più piccoli, i genitori glieli hanno affidati.

Sono proprio i ragazzi più piccoli che hanno preferito giocare a nascondino e, tirando a sorte, è toccato a Lorenzo fare la conta. Mentre Lorenzo comincia a contare, uno, due tre..., gli altri scappano di qua e di là in cerca di un nascondiglio il più sicuro possibile. Anna e Valeria, tenendosi per mano si rifugiano in un anfratto del terreno ben nascosto alla vista e restano immobili e senza quasi fiatare. Alberto si è subito diretto verso il tronco cavo di una quercia secolare e si rannicchia nella stretta cavità. Lucia si allontana un po' di più dagli altri e trova riparo dietro un enorme pozzo ormai asciutto e abbandonato.
Intanto i ragazzi più grandi sguazzano felici ed eccitati nelle refrigeranti acque del laghetto, tra solenni schizzi e fragorose risate, improvvisando scherzi sciocchi ma molto divertenti.
Mentre tutto sembra pace e armonia, ecco che all'improvviso, un boato sinistro e assordante, al pari di un tuono che infrange, possente e inaspettato, il silenzio della notte, irrompe nel cielo e rovina il clima di gioia e di festa.
Anna e Valeria si stringono forte, trattenendo il respiro e tremando come foglie scosse da un vento gelido e violento. Lucia, rannicchiata dietro il pozzo, non osa battere ciglio, mai i denti sì. Alberto nel suo nascondiglio si accartoccia ancora di più e quasi si perde nel tronco dell'albero. Lorenzo, mentre continua imperterrito la conta, sente le ginocchia sbattere l'una contro l'altra senza riuscire a frenarne il tremore.
I ragazzi più grandi, che fino a un istante fa nuotavano e schiamazzavano allegri e spensierati, si precipitano a riva gridando i nomi dei più piccoli. Ma i piccoli, ammutoliti per lo spavento, non rispondono, sembrano spariti nel nulla. Le ragazze cominciano a singhiozzare e i maschi gridano i loro nomi, quando una sorta di bieco ululato lungo e persistente riecheggia tutt'intorno e aggiunge angoscia alla paura. Poi, senza indugio, una voce

cavernosa e potente si diffonde nell'aria:
"Ascoltate, io sono un essere piccolissimo, invisibile a occhio umano, ma terribile, spaventoso, implacabile. Sono venuto a difendere il nostro pianeta dagli uomini che inesorabilmente lo stanno distruggendo. Entrerò nel loro sangue e colpirò a morte ogni più piccola cellula. Annienterò tutti, tranne i bambini e i ragazzi, perché essi soltanto potranno salvare la Terra invertendo la rotta, cambiando la direzione in cui adesso l'uomo si muove. Ecco perché parlo a voi."
I ragazzi rimangono paralizzati, come vittime di un incantesimo. Poi la voce, di colpo si fa più limpida, diventa pacata:
"Oggi voi siete qui, in questo posto meraviglioso, dove tutto è armonia e bellezza; liberi, nuotate felici nelle acque fresche di questo fiume, soddisfatti e appagati, vi divertite utilizzando quello che la natura vi mette a disposizione, VI REGALA, sì perché la generosità della Natura non ha eguali sulla Terra. Potete perdere tutto ciò, oppure godere ancora a lungo dei doni che essa elargisce se solo...provate a mettervi dalla sua parte e a rispettarla. A voi la scelta"
Improvvisamente ritorna il tono cupo e minaccioso:
"Diventerò il nemico, il mostro invisibile che farà tremare tutti, ricchi e poveri, potenti e deboli, il flagello che si abbatterà come una scure sulle loro vite. Non dimenticate, avete nelle vostre mani il destino dell'uomo e della Terra."
Una risata sguaiata e perversa esplode improvvisa e come un'eco si allontana. Poi tutto è silenzio.
I ragazzi, ancora per alcuni istanti, non osano muoversi o proferire parola. Ma, ecco rompere il silenzio un pianto strozzato e irrefrenabile. Allora, come per incanto, i ragazzi grandi si riprendono dallo shock e corrono verso il luogo da dove proviene quel pianto gridando a squarciagola i nomi dei fratelli, delle sorelle, degli amici. Li ritrovano tutti, ammutoliti e spersi, e si stringono tutti insieme, alcuni piangendo altri ridendo.
Ora tutto è cambiato, svanita la gioia, scomparsa l'allegria, rimane soltanto la voglia di ritornare a casa, il solo posto che in questo momento appare sicuro. Raccattano le loro carabattole e tristi e abbattuti si avviano verso casa, ognuno con ancora nelle orecchie e nel cervello la voce del terribile mostro e delle sue tremende parole.

In quel momento non potevano certo immaginare ciò che sarebbe successo di lì a breve sconvolgendo le loro vite, come quelle di tutti: a causa di un individuo minuscolo, un virus chiamato Covid19, invisibile a occhio nudo, ma feroce e mortale, per un po' dovranno stare chiusi in

casa, niente scuola, niente amici, niente abbracci, niente giochi all'aria aperta, niente sport o passeggiate. Niente di Niente.
La gente si ammalava e moriva, proprio come minacciato da quella terribile voce, che in qualche modo aveva caricato sulle loro spalle, di giovani e bambini, il peso di una responsabilità enorme: cambiare il futuro del pianeta. Certo, contro questo flagello non potevano fare nulla, ma per un domani migliore forse c'era ancora speranza.

AIDEN
di
Valerio Pelling

In un villaggio lontano, oscurato dalle ombre di mostri metallici che varcavano le soglie del cielo, viveva Shea, una bambina vivace, curiosa e sorridente, ma orfana. Fu adottata da una coppia, considerati zii, che coltivava e vendeva erbe per composti alchemici, oltre che droghe sottobanco, che sfruttarono la sua innocenza per i loro traffici. Ma Shea curiosò in quel mondo di piante e preparati, sempre con un sorriso sul volto. Sentiva di avere un forte legame con il mondo naturale. Crescendo questo legame si fece sempre più forte, ed ebbe il bisogno di esplorare la foresta che circondava il villaggio, che sembrò avvolgerla in un abbraccio materno. Ma l'età portò anche le prime frizioni con gli zii, che l'accusavano di perdere tempo con la natura invece di lavorare. Questo irritava Shea, la quale per calmarsi andava in mezzo alla foresta, unico luogo di pace e armonia, dove pensava che sarebbe dovuta scappare via. Però non aveva idea di come né dove. La situazione con gli zii peggiorò quando compì 16 anni. Infatti la zia, squadrandola dall'alto verso il basso le disse con naturalezza «Ti sei fatta una delizia per gli occhi. Dovremmo trovarti marito. Così avrai la tua casa e la tua famiglia.» A quelle parole Shea si infuriò al punto da non finire di mangiare. Anzi preferì fuggire nella foresta. Lì cercò conforto sotto un albero, ma le lacrime sgorgavano a fiotti pensando alla sua impotenza. Il dramma è che non vedeva alternative. Forse doveva veramente sposarsi.

Non ci volle molto perché la fame e la stanchezza tornarono a farle visita. Si rese conto di non avere idea di che fare. Come procurarsi il cibo senza basi pratiche? Nonostante il forte legame con la natura, questa non le avrebbe imboccato il cibo. Ma senza arrendersi, si alzò e s'inoltrò nella foresta. Benché determinata non ebbe fortuna, se non nel trovare una manciata di bacche, e man mano che camminava le energie si affievolivano, sentendosi sempre più debole e incapace di pensare lucidamente. Inciampò persino nelle radici in un albero, cadendo a terra. Si sforzò così di appoggiarsi ad esso. In quel momento si sentì sola e senza speranza. Credeva anche di avere le allucinazioni, perché le sembrò di vedere una figura umana avvicinarsi a lei. Ma questa divenne reale quando si chinò verso di lei, l'avvolse nel suo mantello, e accarezzandole la testa le disse «Riposati. Cucinerò io per te.» E lei cadde in un sonno profondo.

Si svegliò poco dopo, sentendo odore di cibo. Aprendo gli occhi, trovò

una piccola tavola imbandita e di fianco un falò sul quale era poggiata una pentola. Vicino ad essa un uomo che stava girando e condendo il contenuto, che appena la vide sveglia la invitò ad avvicinarsi. Lei non esitò, e andò a vedere cosa fosse richiamata dall'odore. Nella pentola una zuppa di pesce abbondante ribolliva, rilasciando un profumo estatico. «Comincia a sederti. Tra un paio di minuti è pronto» le disse l'uomo con voce cantilenante. Lei ubbidì, affamata, ma notò qualcosa di strano. Come era riuscito ad allestire quella tavola, lì in mezzo al nulla? Non esitò a chiedere «Come hai fatto a portare queste cose qui?»
Senza voltarsi le rispose «Quelle? Magia» come fosse ovvio.
«Ma mi prendi in giro» non convinta.
«Ah, quindi non conosci la magia?» sorpreso e divertito mentre finiva di assaggiare «Ma adesso non pensarci. È pronto da mangiare. Ne parleremo dopo» e portò la pentola a tavola.
Durante il pranzo non fu detta una sola parola. Lei gustò famelicamente quelle delizie, mentre lui mangiò con calma e tranquillità. Per un istante Shea si sentì in imbarazzo con i suoi modi grezzi, quasi fuori posto, ma lui sorridendo le dissolve ogni preoccupazione, e finito di mangiare, continuarono la conversazione.
«E così non sei a conoscenza della magia?» con sguardo interrogativo.
«Perché?» sorpresa «Non stavi scherzando?» chiese.
«Assolutamente no» sorridendo «Ecco una piccola dimostrazione» e con uno schioccò di dita la tavola imbandita venne ripulita, lasciando solo bicchieri e brocca d'acqua.
Lei, esterrefatta, non seppe che dire. Ma una sensazione dentro spronò la sua curiosità «Cos'altro può fare la magia?»
«Il limite è in chi la utilizza.»
Gli prese il braccio e chiese «Potresti insegnarmela?»
Ci penso un istante, ma poi disse sorridendo «Perché no.»
Poco dopo si alzarono e si diedero appuntamento al giorno successivo, e prima che lei andasse lui le disse «Comunque il mio nome è Aiden.»
«Ah, vero» imbarazzata «Io sono Shea» e scappò via, visibilmente felice.

    Le lezioni si susseguirono per alcuni mesi. Lei scoprì un nuovo orizzonte di possibilità, scoprendo come la magia potesse plasmare la realtà, e nel suo caso manipolare a piacimento la natura. Inoltre il suo legame con essa divenne più forte. E Aiden sottolineò come lei avesse un grande potenziale, con cui poteva conquistare la propria libertà. I progressi era ben visibili, tanto che nell'ultima lezione, Aiden le fece una proposta «Shea, perché non vieni all'Organizzazione Avalon?»

«Cosa sarebbe?» incuriosita.
«Un luogo lontano in cui persone con poteri simili ai tuoi vengono aiutati a dischiuderli» disse in tono serio.
«Tu continuerai ad insegnarmi?» chiese dubbiosa.
«Shea» mantenendo la serietà «lì vi sono insegnanti più capaci di me. Inoltre io ho impegni a cui devo dedicarmi» avvicinandosi a lei «E comunque verrò a trovarti ogni volta che potrò.»
Si fece sospettosa «Non è che vuoi liberarti di me, come i miei zii?»
Aiden si arrabbiò «Non osare nemmeno pensarlo. Sei come una figlia per me, per questo voglio che tu vada alla Avalon. L'ho fondata io. So chi ci lavora e a chi sto affidando la tua vita» poi ritrovando la calma «Shea, piccola mia, qui non c'è nulla per te. Lì invece imparerai a costruire il tuo destino.»
Pianse e lo abbracciò «Nessuno ha mai creduto in me. Tu si, e io ho paura di deluderti. Ho paura di perdere tutto questo.»
Lui la strinse a sé «È normale aver paura. Ti sto gettando nell'ignoto di una nuova vita, di cui non conosci nulla. Hai paura di perdere tutto.» poi la guardò negli occhi «Ma Shea, tu sei più forte di quello che credi. Tu non perderai e non mi deluderai. Anzi conquisterai le tue paure, e sarai libera da ogni prigione.»
Shea si strinse a lui e l'abbraccio a lungo. Appena si sentì meglio Aiden le asciugò le lacrime e pulì il viso con le sue mani delicate. Quel tocco le restituì freschezza e vivacità. Così Shea prese una decisione, e lentamente si voltò per tornare a casa. Aiden sapeva già cosa aveva scelto.

     Nel tornare a casa, Shea pensava a tutto quello che aveva sopportato. Questa era l'occasione per andarsene. Ma una strana sensazione di disagio la pervase. Quando svoltò l'angolo per avvicinarsi alla soglia di casa, sentì delle voci che non riconosceva. Quasi non volle entrare, ma poi si fece coraggio ed entrò. Appena la vide, la zia l'accolse con amore, gesto che Shea disprezzò. Ma la sensazione di disagio si fece più forte, quando si voltò verso gli ospiti, notando come l'uomo più agghindato la stesse guardando con occhi famelici. Quello sguardo la fece sentire in gabbia.
«Chi sono loro?» irritata verso la zia.
«Shea, piccola mia. Sono ospiti» cercando di mitigarla.
«Zia» aveva con occhi furenti «Chi sono?»
La zia cedette a tale dirompenza «Shea, lui è il primogenito della famiglia Qalar, Samu.» indicando l'uomo agghindato «È qui perché vorrebbe sposarti.»
«Sarà divertente domare questa tigre tra le lenzuola» disse Samu alle sue

guardie corpo, mentre guardava Shea pieno di lussuria.
La prigione si fece più stretta, e Shea sentì di doversi liberare. Così scatenò la sua furia su di loro. Nessuno l'avrebbe privata della sua libertà. In un istante trafisse tutti con aculei provenienti da ogni dove, lasciando un bagno di sangue. Quando si calmò, le prese il panico. Ma si rese conto di non avere tempo. Il suo urlo colmo d'ira aveva svegliato tutto il villaggio, che la stava per raggiungere. Doveva scappare.

Purtroppo venne riconosciuta, e un rapido passaparola portò la famiglia Qalar a mandarle contro i suoi assassini. Shea, inoltratasi nella foresta, sentì di essere braccata, e inoltre la notte non le era di aiuto. In più la stanchezza del gesto e il panico del momento non le davano modo di richiamare i suoi poteri. Ora si sentiva come una preda in balia del cacciatore, che stava giocando con lei. Dopo alcuni minuti Shea perse ogni punto di riferimento. Comprese di non avere scampo. Le erano addosso.
«Speravo fossi una preda più pericolosa, dopo quello che hai fatto. Invece sei solo una ragazzina impertinente che non sa stare al suo posto» disse l'assassino saltando dall'albero. Attorno a lui comparvero altri due uomini. In un istante l'afferrò per il collo e la sollevò.
«Che ne dite, ci divertiamo prima di punirla?» e risero con fragore. Con l'altra mano volle strappare il vestito di Shea. Però non vi riuscì. Dal nulla comparve una figura che gli bloccò la mano, stacco l'altra dal collo di Shea, e poi con un calcio lo scaraventò lontano. Lei non fece in tempo a cadere che si trovo tra le sue braccia. Era Aiden.
«Adesso andiamo via Shea.»
Lei si strinse a lui, e andarono via senza degnare gli assassini di uno sguardo. Ma questi reagirono prontamente e li inseguirono urlandogli contro «Lei è nostra. Ha ucciso il...»
Irritato rispose «Non mi interessa» continuando a camminare.
«Allora morirai» e sguainarono le armi.
Aiden infastidito «Sul serio?» così poggio Shea ad un albero, avvolgendola al suo mantello, poi si girò verso di loro sfoderando dal nulla la sua spada. Con passo sicuro affrontò la minaccia. Il combattimento fu scandito dal clangore del metallo e dalla danza di Aiden, con cui sbeffeggio i suoi avversari per alcuni minuti. Quando si stancò di loro, sorrise, e gli scaraventò un fendete magico che li decapitò. Poi si girò verso Shea, smaterializzò l'arma, e la riprese in braccio.
Lei piangendo disse «Portami via di qui. Portami alla Avalon.»
Così Aiden aprì un portale verso un altro luogo che una volta attraversato si richiuse. Shea potè così lasciarsi tutto alle spalle e sentirsi finalmente libera.

Partner

Perché da soli si possono fare cose grandi, ma insieme si fanno cose grandiose.
Rispettando le dovute distanze, ovviamente.

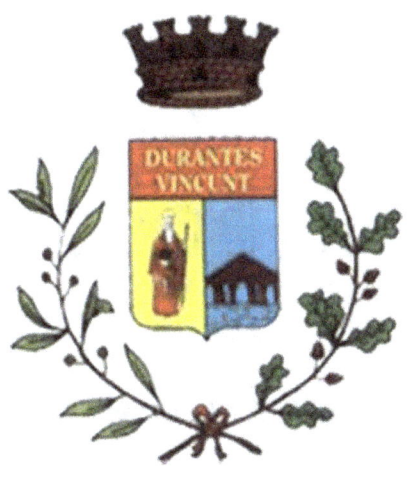

COMUNE DI PONTECAGNANO-FAIANO

Primo partner per ordine di importanza e immancabile compagno di mille avventure.

MICHELE D'ELIA, nella figura del Presidente dell'**APS AVALON**, vuole ringraziare il comune di **PONTECAGNANO-FAIANO** al completo per la solita disponibilità e gentilezza fornitaci.

Nel dettaglio l'**APS AVALON** ringrazia il Sindaco Dott. **GIUSEPPE LANZARA** e l'assessorato alla creatività al meglio rappresentato dall'Assessore **ADELE TRIGGIANO**.

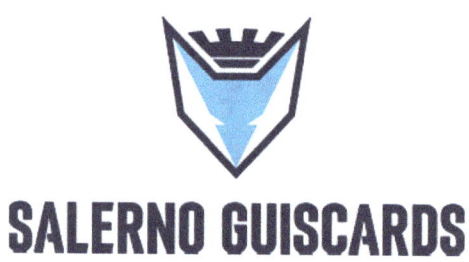

POLISPORTIVA SALERNO GUISCARDS

La **ASD Salerno Guiscards** nonostante la genesi recente, è ormai diventata un punto di riferimento nel panorama sportivo salernitano, potendo annoverare tra i suoi settori: calcio, calcio a 5, pallavolo, pattinaggio, e-sport, sitting volley e tiro con l'arco.

La grande passione per lo sport, unita alla continua ricerca di ampliare il proprio raggio di azione, ci ha permesso di conoscere gli amici di **Avalon**, che di fatto hanno arricchito la nostra offerta sportiva con una disciplina elegante e prestigiosa come il tiro con l'arco dinamico.

Si è trattato di un amore a prima vista, ed oggi la nostra collaborazione spazia dal mondo dello sport a quello della progettazione sociale, nella quale lavoriamo spesso insieme con l'obiettivo di diffondere i valori dello sport, promuovere l'inclusione attraverso di esso, e stimolare la crescita e la partecipazione della comunità.

www.guiscards.it
info@guiscards.it
Fb e Instagram

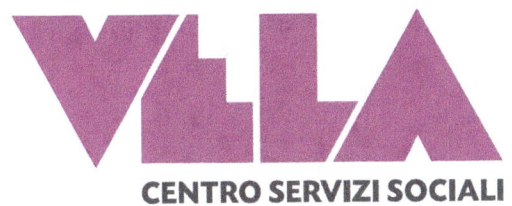

CENTRO SERVIZI SOCIALI

VELA CENTRO SERVIZI SOCIALI

Vela Centro Servizi Sociali è un'associazione di volontariato iscritta al Registro Regionale, e da anni opera nel territorio Salernitano.

I principali ambiti di intervento sono la formazione non convenzionale, l'assistenza alle categorie fragili e la progettazione sociale finalizzata all'inclusione, alle pari opportunità e alla diffusione di buone pratiche.

Il continuo lavoro di costruzione di reti virtuose, ci ha consentito negli ultimi anni di lavorare spesso con l'**associazione Avalon**, a cui ci sentiamo legati da vere e proprie affinità elettive, e con cui condividiamo modalità operative, vision e impegno sociale.
Il nostro attivismo sociale si declina spesso nella realizzazione di attività che coniugano sport e sociale e per questo abbiamo consolidato la relazione tra le nostre due associazioni che lavorando in maniera complementare e con metodologie affini.

www.associazionevela.com
info@associazionevela.com
Fb e Instagram : Associazione Vela

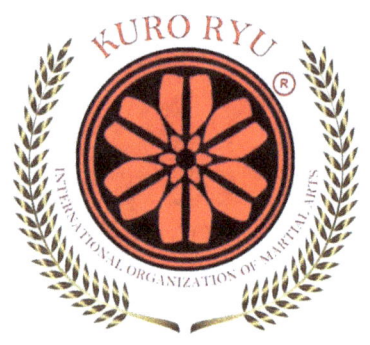

KURORYU INTERNATIONAL ORGANIZATION OF MARTIAL ARTS

La nostra scuola
Che cos'e' uno shinobi?

Gli Shinobi contemporanei come membri di un clan affiatato i cui vivono tutti i membri. XV secolo, il nostro Ichizoku sviluppò il sistema di Onmitsu Kuro Ryu (Hattori Hanzò). Alcuni dei nostri antenati erano generalisti dei samurai con esperienza in furtività e combattimento. Alcuni erano specialisti, diventando abili nelle abilità sociali, nella magia o nell'interazione con la natura. Alcuni erano artisti, sacerdoti, lottatori o fabbri che lavoravano per mantenere la legge l'ordine e la pace del paese.

Tutti hanno cercato di mantenere "**l'equilibrio**" o la tranquillità nella vita per sopravvivere e si sono allenati per accrescere la loro consapevolezza e perseveranza.
Seguiamo un codice chiamato "**Ninpo Okite**".(legge regola)
Ancora oggi gli Shinobi, nel tentativo di raggiungere i loro obiettivi, sviluppano le singole persone e la sensibilità alla sopravvivenza.

Proteggono gli altri, difendono le libertà e costruiscono una grande comunità di amici.

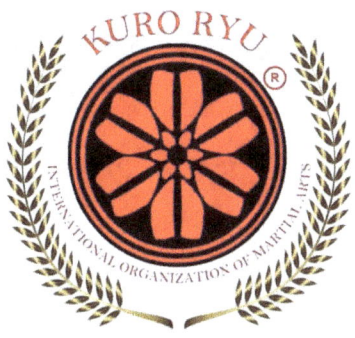

Il nostro obbiettivo finale è raggiungere e seguire il percorso verso il il "空 (Ku)" o il non-s'è, dove non c'è conflitto.
Cerca la BELLEZZA in questo mondo in continua evoluzione. Concentrati sulla nostra LUCE interiore. AMARE senza mai aspettarsi nulla in cambio. Accetto il bambino in me. Corre nuda e ride stupidamente ... Le dico che la amo. Siamo fatti di LUCE e i nostri PENSIERI si muovono più velocemente di esso.

空 KU

空 KU Cos'è Ku? Un mondo in continua evoluzione.
Il sole sorge ad est al mattino e tramonta ad ovest di notte. La luna sorge e cambia forma ad ogni ciclo. Il ciliegio che perde tutti i suoi fiori nel vento, solo dieci giorni dopo la sua fioritura. Ci deve essere una legge che guida questo mondo che cambia.
Gli antichi buddisti indiani lo chiamano 空 Ku.
La scienza ha già dimostrato molte cose nell'universo, eppure nessuno sa da dove veniamo e perché siamo qui. Che cos'è Ku? Non c'è risposta Ku è inaccessibile e non può essere trasmesso.
Tuttavia, quando Ku si sente, sappiamo che esiste.

Scopri di più sul Sensei M° Guglielmo Marante

Sito web

SGS SCUOLA GRAFICA SALERNITANA

A.C. Scuola Grafica Salernitana

La **Scuola Grafica Salernitana** nasce dall'esperienza dell'Associazione Culturale "**Promoarte**" che dal 1999 diffonde la cultura del fumetto e dell'illustrazione nel cuore del capoluogo Salernitano e aprendo le sue porte a centinaia di ragazzi e ragazze che volevano impararne l'arte e allargare i propri orizzonti culturali.

Nel corso degli anni la Scuola ha svolto un'attività di grande spessore sia sociale che didattico. Proponendo Corsi, Seminari e Workshop, facendo incontrare i propri studenti con autori di livello internazionale.

Costante è stato l'impegno in ambito sociale e culturale, creando importanti eventi e partecipando a numerose fiere, mostre, contest e festival e intrecciando rapporti con le istituzioni e con le più importanti associazioni e onlus presenti sul territorio.

Nel corso degli anni la Scuola si è tramutata in una **Accademia delle arti** visive, grafiche, digitali, e letterarie, con l'aspirazione, sempre feconda, di confermarsi come una fucina di talenti e di opere narrative editoriali.

SGS SCUOLA GRAFICA SALERNITANA

Crediamo in un insegnamento che abbracci numerose discipline per dare ai nostri studenti la possibilità di comprendere non solo il settore artistico interessato, ma un **quadro a 360°** sul mondo dell'Arte e più in generale sulla società che li circonda. Il tutto senza annoiarli o smorzando il loro entusiasmo con toni paternalistici ed inutili accademismi, ma comprendendo le loro debolezze, le loro mancanze e soprattutto i loro dubbi sui tempi in cui vivono.

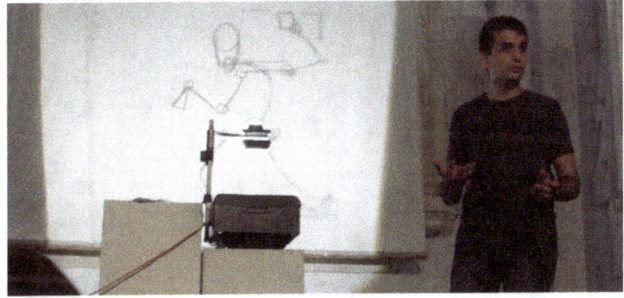

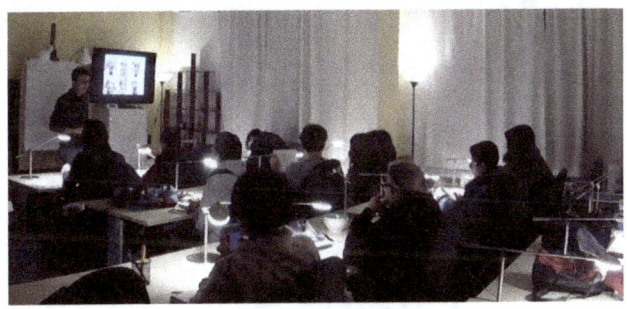

scuola-grafica-salernitana.mailchimpsites.com

ILLUSTRAZIONI
"SULLE TRACCE DELLA FANTASIA"
A CURA DELLA SGS

da un'idea didattica di

Daniele De Crescenzo
Vicepresidente e Direttore Didattico
A.C. Scuola Grafica Salernitana
Disegnatore copertina
ANTOLOGIA "SULLE TRACCE DI AVALON" 3a ed.

INTRODUZIONE
"Sulle Tracce della Fantasia"
di
Daniele De Crescenzo

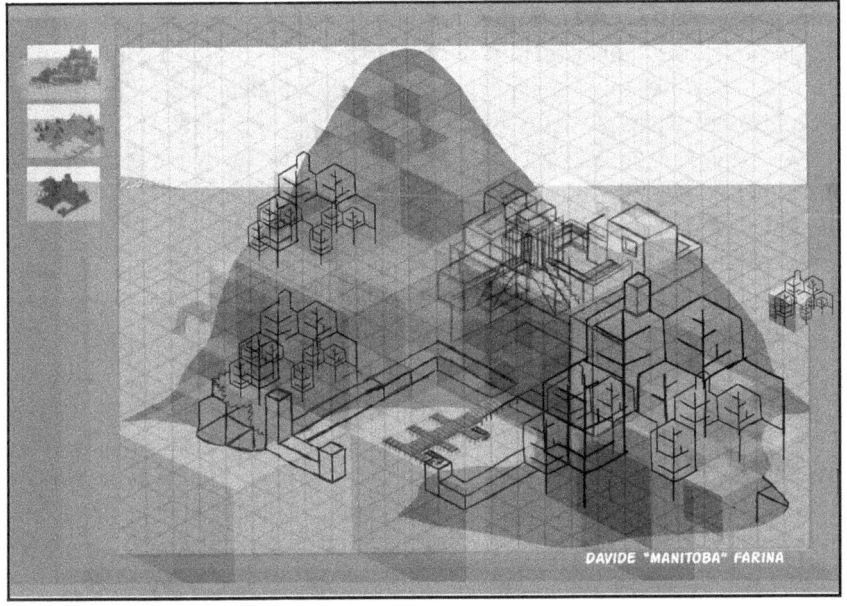

Illustrazione #12

Come Associazione Culturale dedicata alla didattica delle arti e alla corretta diffusione del media fumetto, la **Scuola Grafica Salernitana** ha da sempre creduto nel potere affabulatorio della fantasia, sia scritta che disegnata. E' per questo, che abbiamo accolto con immenso piacere l'invito dell'**Associazione Avalon** a partecipare a questo interessante progetto editoriale che ora starete sfogliando.

Per i nostri alunni è stata una **sfida interessante** e proficua poter lavorare sui testi selezionati durante la terza edizione del Concorso Letterario promosso da Avalon. **La capacità di leggere correttamente un testo "vergine" da precedenti interpretazioni visive, di trarne atmosfere, umori, immagini, è da sempre uno degli esercizi che consigliamo durante i nostri corsi.**

I ragazzi e le ragazze che si sono resi disponibili a trarre in illustrazioni, ora gioiose, ora tristi o addirittura agghiaccianti alcuni dei racconti selezionati, **hanno lavorato in una maniera del tutto indipendente**, vivendo in prima persona le difficoltà dettate dal particolarissimo periodo storico che stiamo vivendo.

Da soli, in casa, isolati dagli altri coetanei, impossibilitati a seguire in maniera tradizionale le lezioni presso la nostra sede, hanno solo **ricevuto un documento con il racconto a loro destinato, traendo dalla lettura le immagini che ora corredano questo libro.**

Il "Virus", oltre a tematica letteraria, è quindi diventato uno degli inscindibili protagonisti del loro lavoro. Impossibile ignorarlo. Impensabile non considerarlo un ulteriore "autore occulto" di alcuni colori febbrili, di sfumature di grigio più scure del dovuto, di campiture nere abissali.

Proponendo la realizzazione di questo progetto, abbiamo però visto le loro voci, via telefono, **riempirsi di entusiasmo**; I loro volti, in collegamento streaming, illuminarsi; i loro messaggi via Whatsapp o Facebook affollarsi di domande, di interrogativi tecnici, di speranza per un flebile, forse temporaneo, ma importante, raggio di sole.

E' con la massima stima per il lavoro di tutte le persone coinvolte nel progetto che abbiamo abbracciato questa iniziativa e siamo sicuri che questo sia solo un piccolo, primo passo, nella ripresa non solo delle nostre esistenze e della possibilità di pianificare le attività future dopo che il Covid-19 abbia abbandonato definitivamente le nostre vite, ma di una proficua collaborazione con tutte le forze attive e propositive del territorio.

Il Virus ha dimostrato quanto sia deleterio a livello economico, sociale e psicologico l'immobilismo: speriamo che questa lezione cambierà il modo di vedere anche le pratiche sociali, le iniziative culturali, la progettazione delle campagne di diffusione didattica e pedagogica. Sarebbe un peccato non approfittare di un così severo insegnante.

Artista	Num.	Racconto
Aniello Guarino	1	Illustr. slegata dai racconti
Aniello Guarino	2	Illustr. slegata dai racconti
Aniello Guarino	3	Illustr. slegata dai racconti
Aniello Guarino	4	I Guardiani di Avalon
Aniello Guarino	5	I Guardiani di Avalon
Anna Di Martino	6	Illustr. slegata dai racconti
Anna Di Martino	7	Illustr. slegata dai racconti
Anna Di Martino	8	Aiden
Anna Di Martino	9	Aiden
Davide Cerami	10	Il fiore di seta
Davide "Manitoba" Farina	11	Il virus della verità
Davide "Manitoba" Farina	12	Il virus della verità (W.I.P.)
Elena Soldivieri	13	Super Ciccio
Elena Soldivieri	14	Super Ciccio
Emanuela Gorga	15	Il vecchio che insegnò di nuovo ad amare
Emanuela Gorga	16	Il vecchio che insegnò di nuovo ad amare
Giovanni Battista Adilardi	17	Gli angeli esistono
Ines Agresti	18	Illustr. slegata dai racconti
Ines Agresti	19	La leggenda di Kelsien il solitario
Ines Agresti	20	La leggenda di Kelsien il solitario
Ines Agresti	21	La leggenda di Kelsien il solitario
Ines Agresti	22	La leggenda di Kelsien il solitario
Ines Agresti	23	La leggenda di Kelsien il solitario
Ines Agresti	24	Illustr. slegata dai racconti
Mariapia Petrone	25	Il mostro invisibile

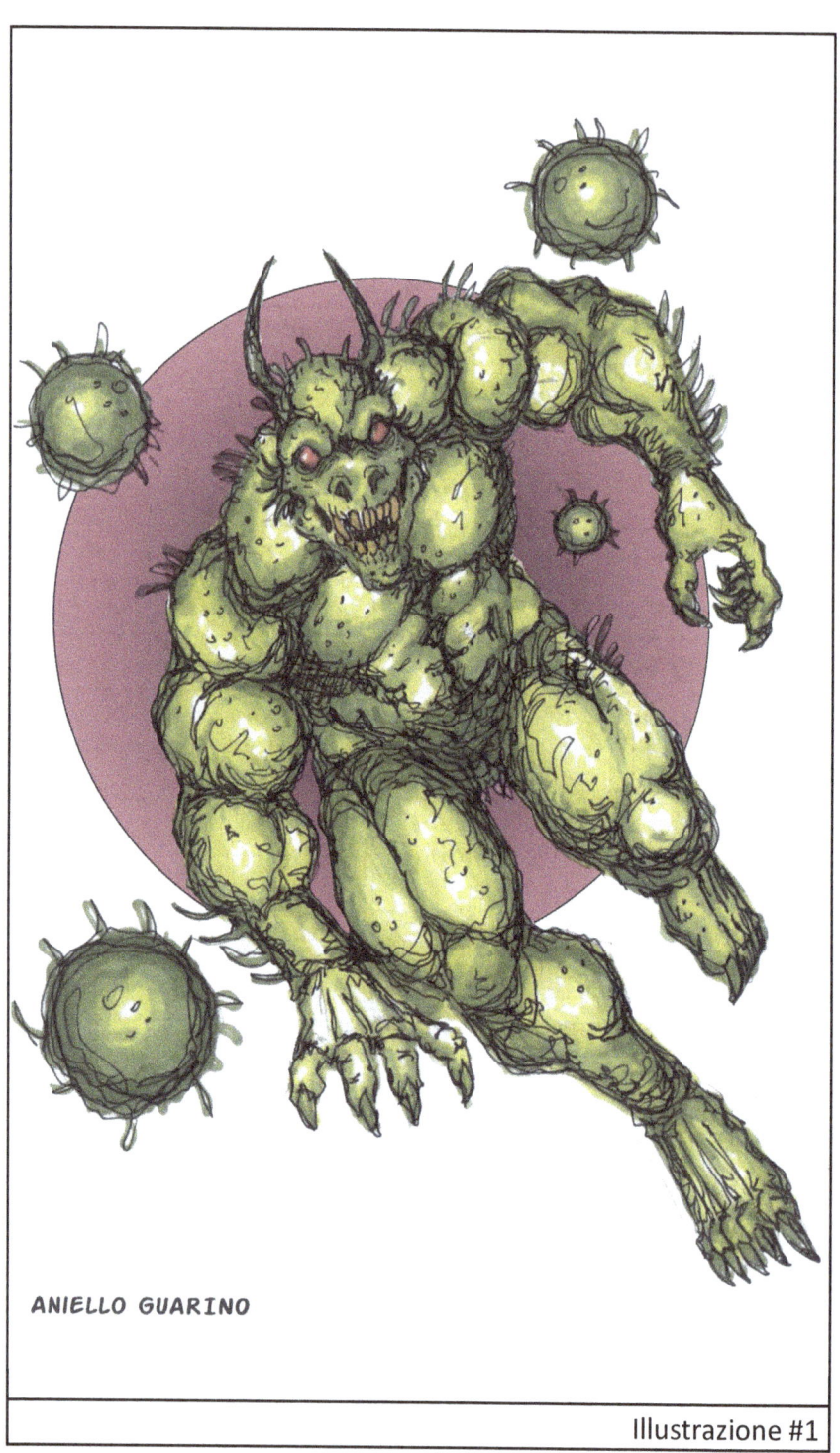

ANIELLO GUARINO

Illustrazione #1

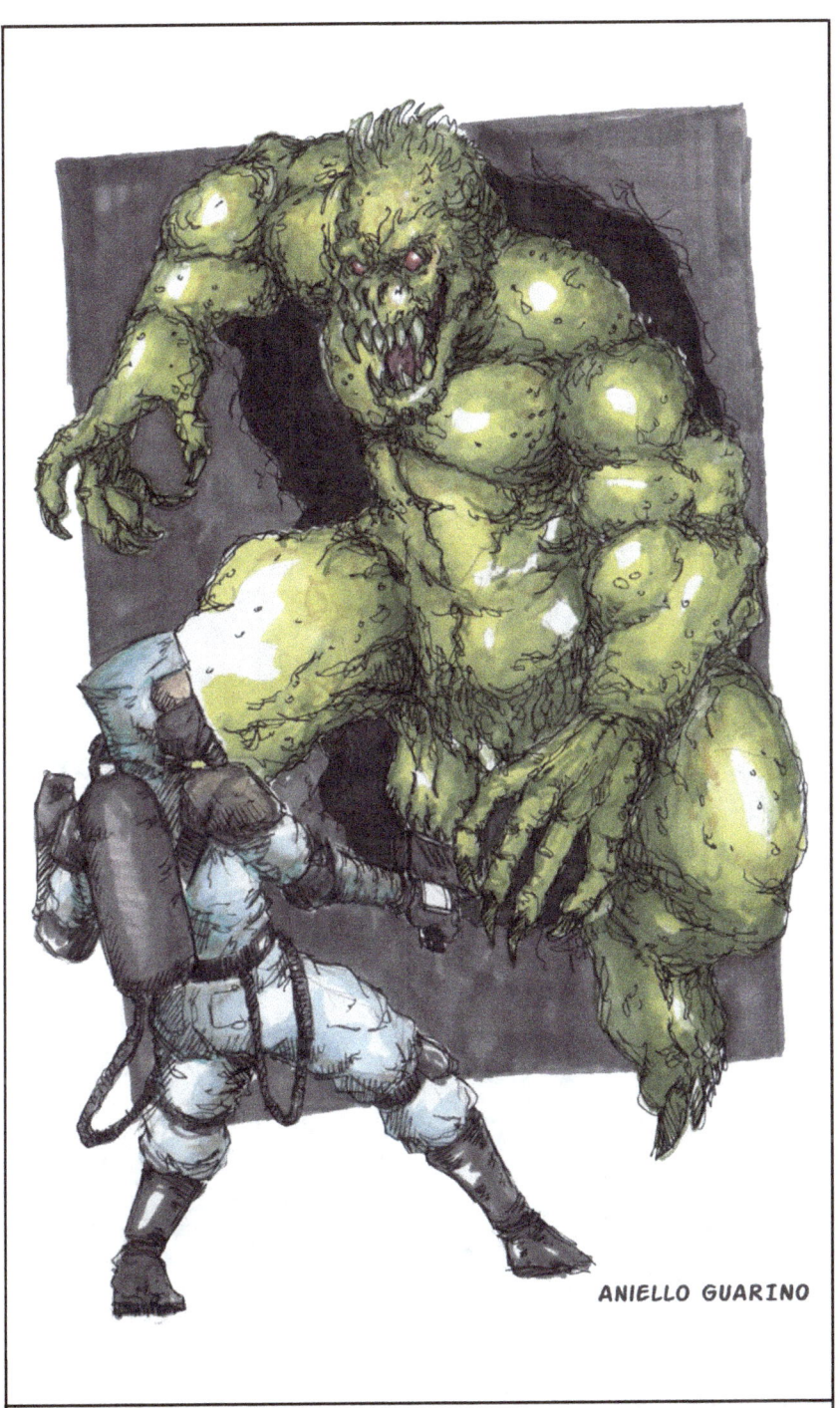

Illustrazione #2

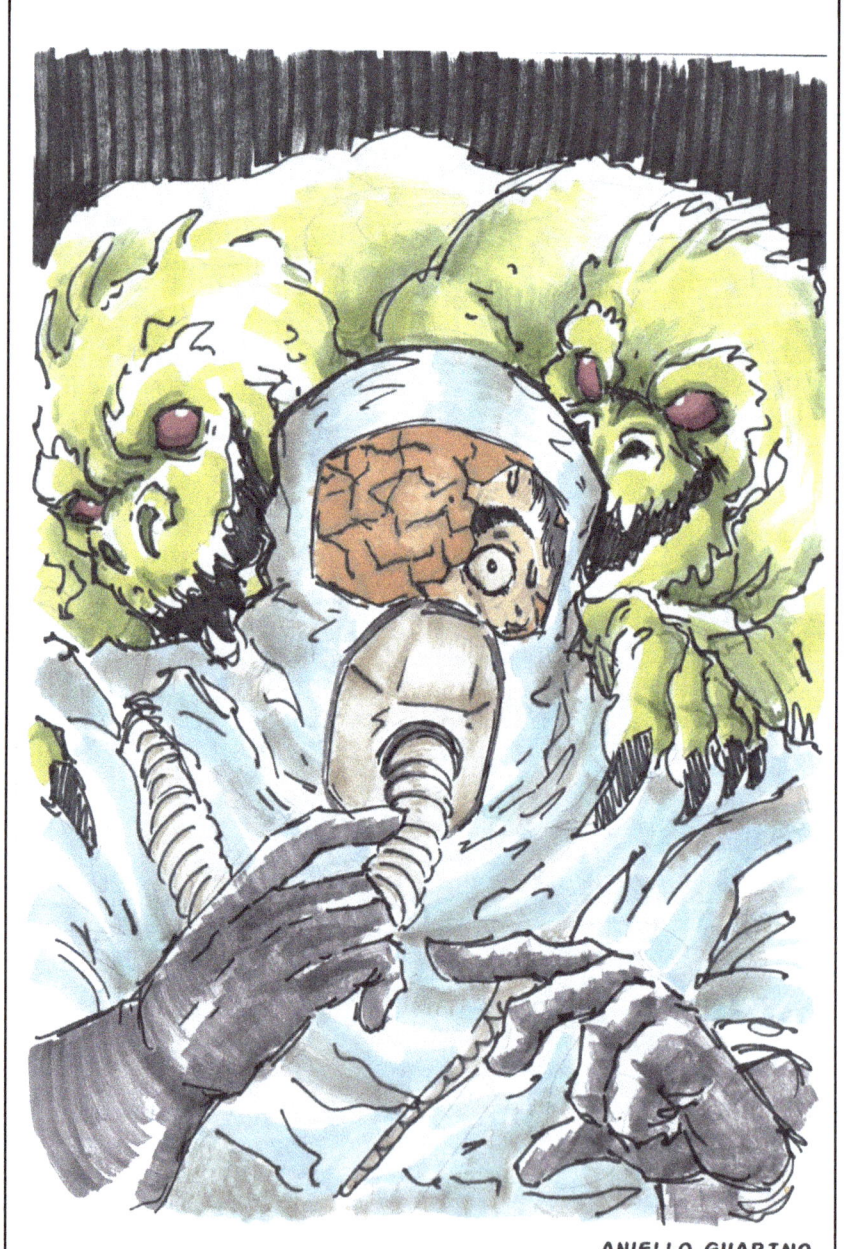

Illustrazione #3

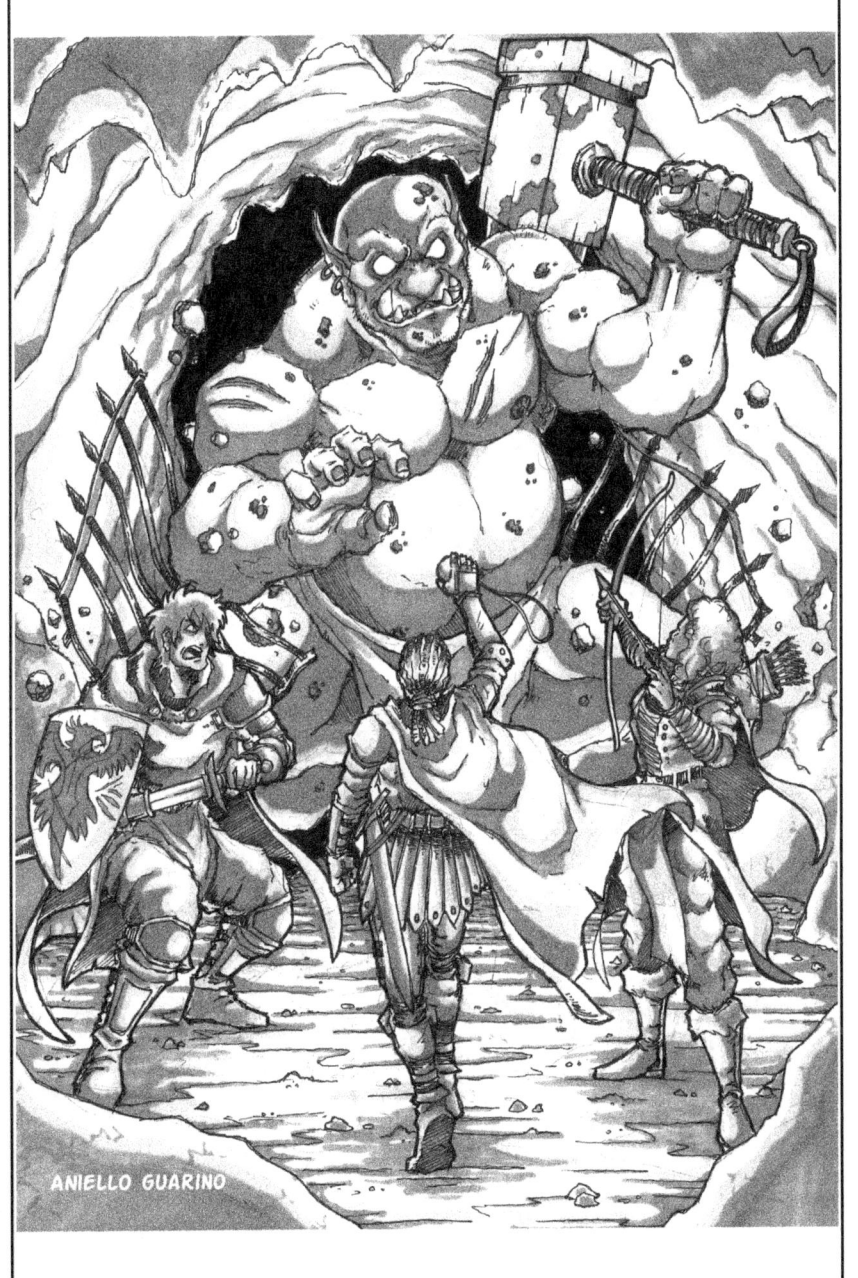

Illustrazione #4

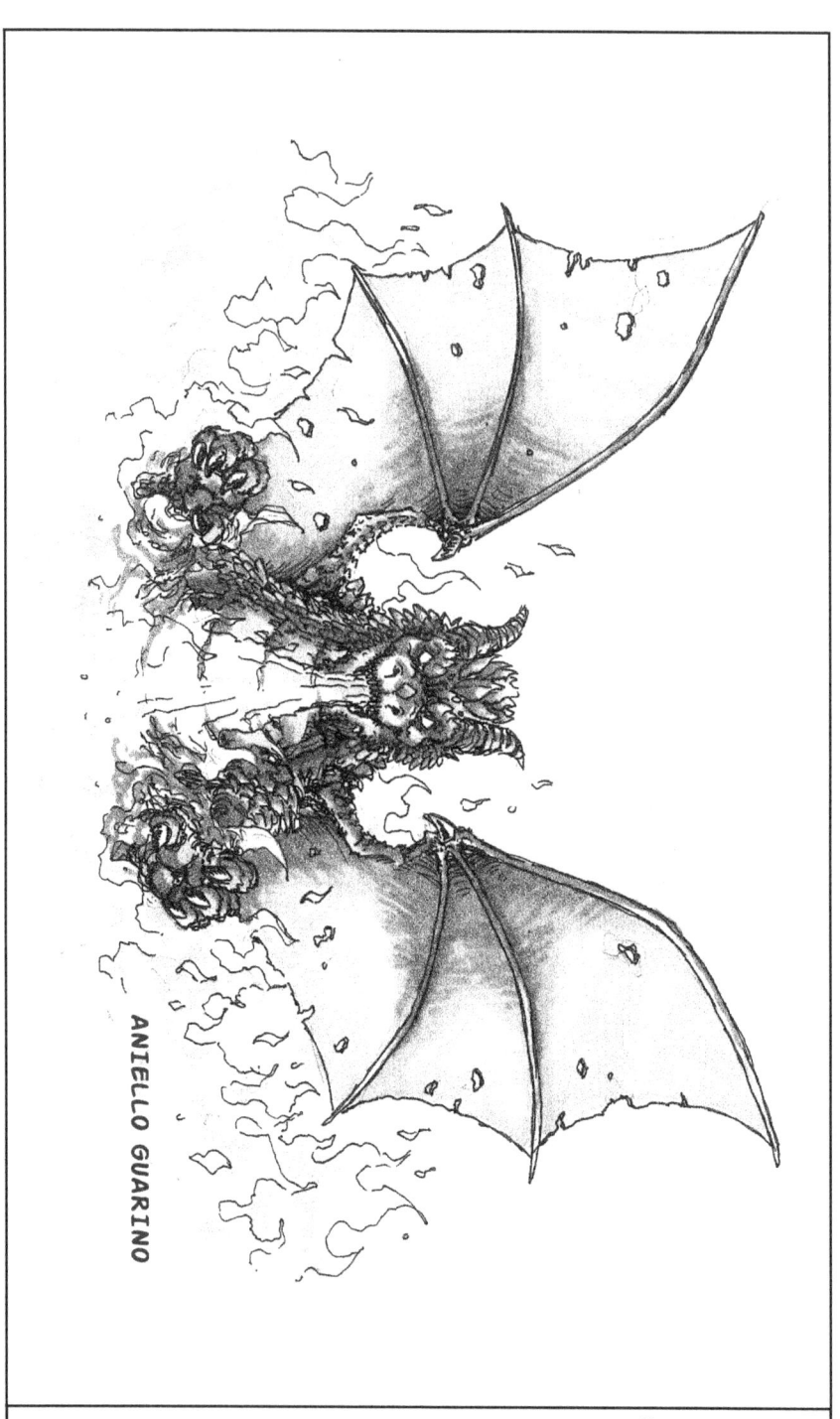

Illustrazione #5

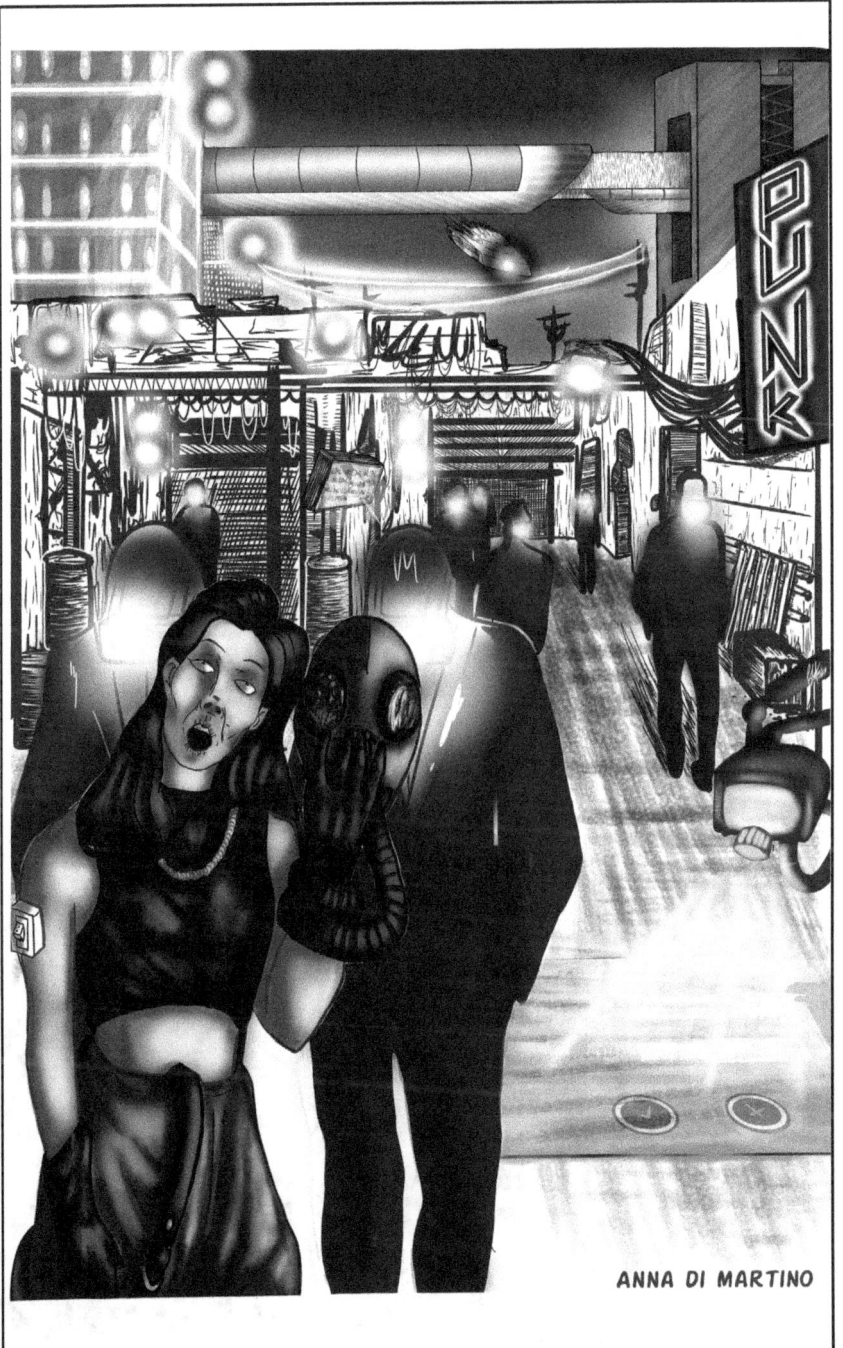

Illustrazione #6

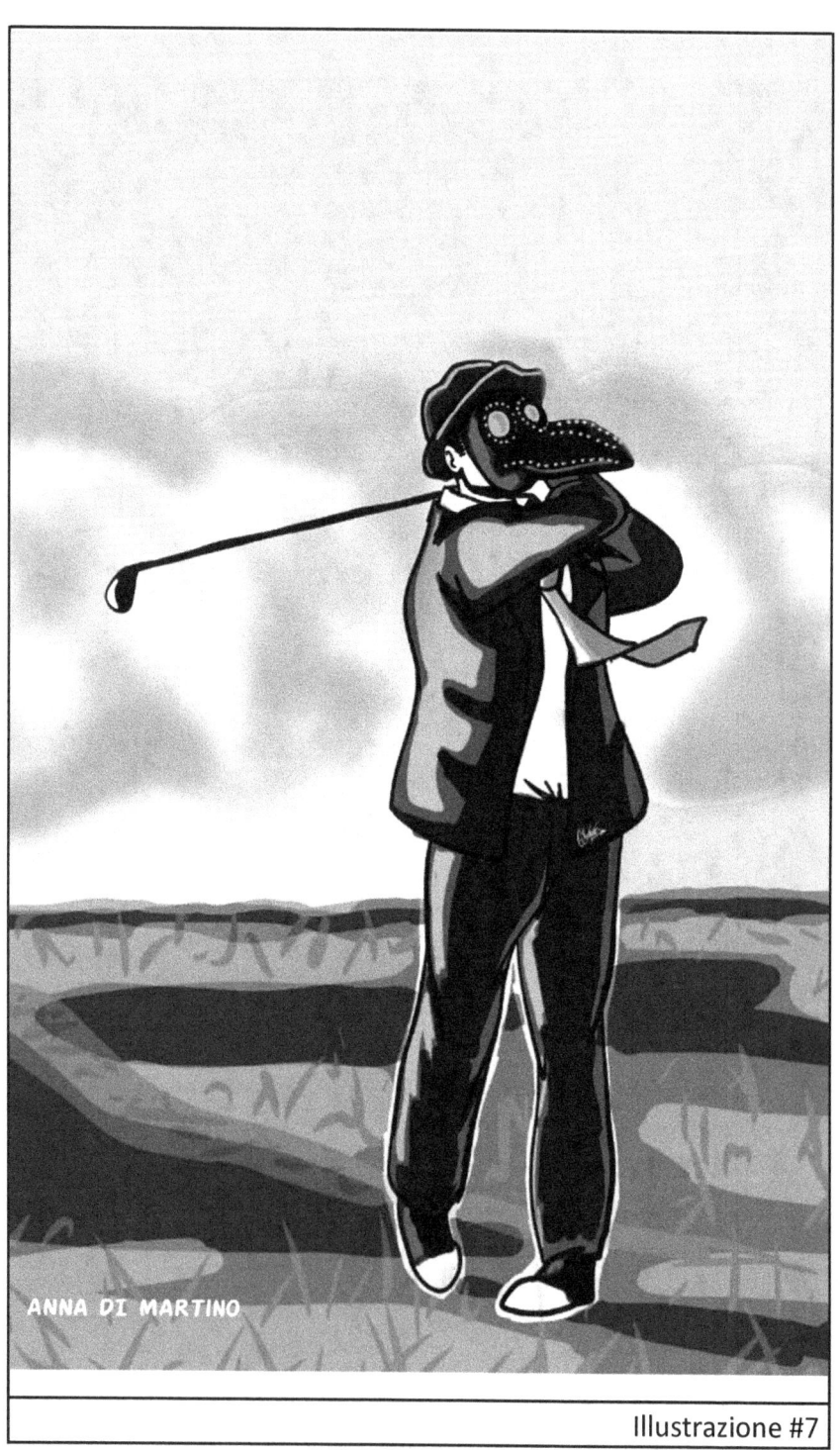

Illustrazione #7

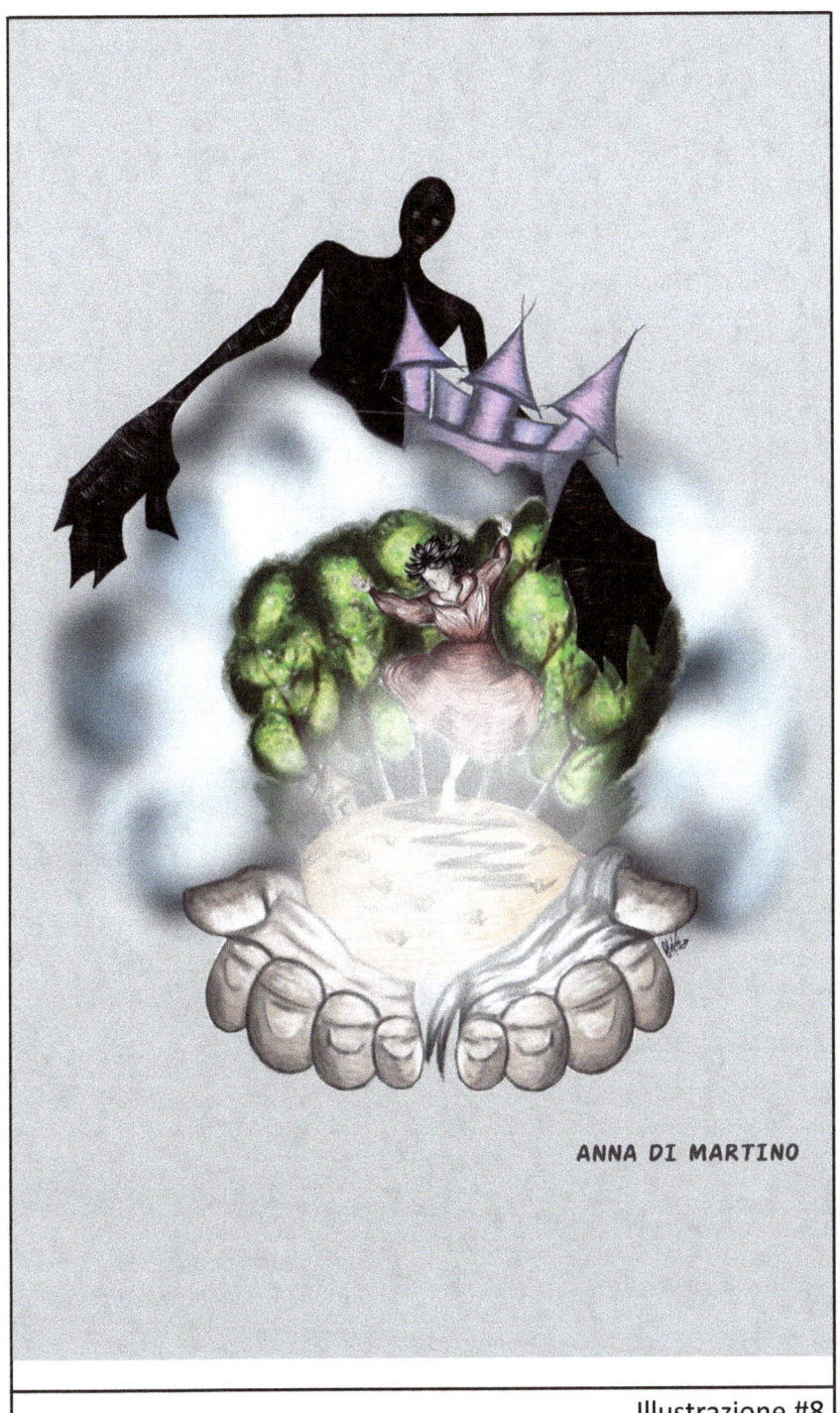

ANNA DI MARTINO

Illustrazione #8

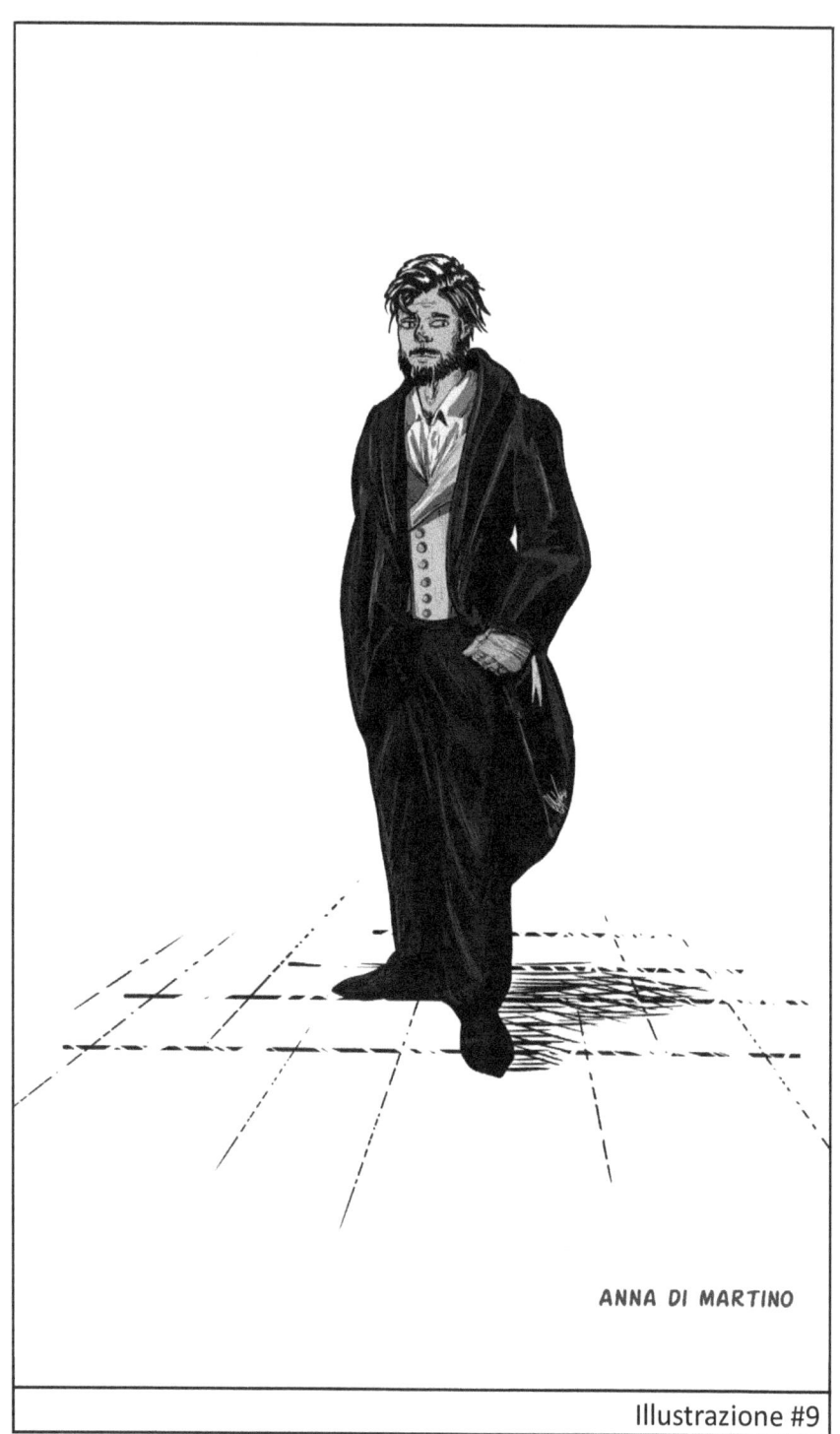

Illustrazione #9

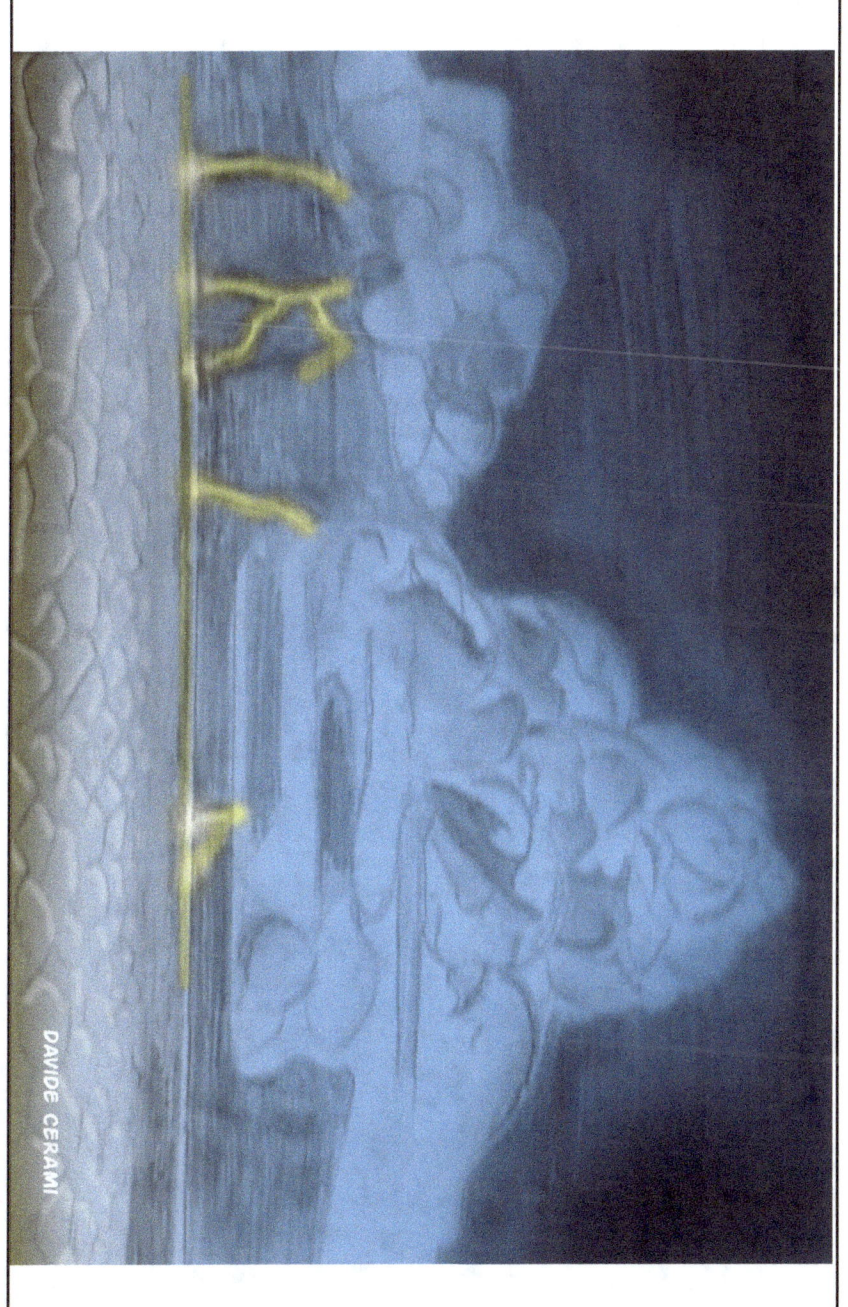

Illustrazione #10

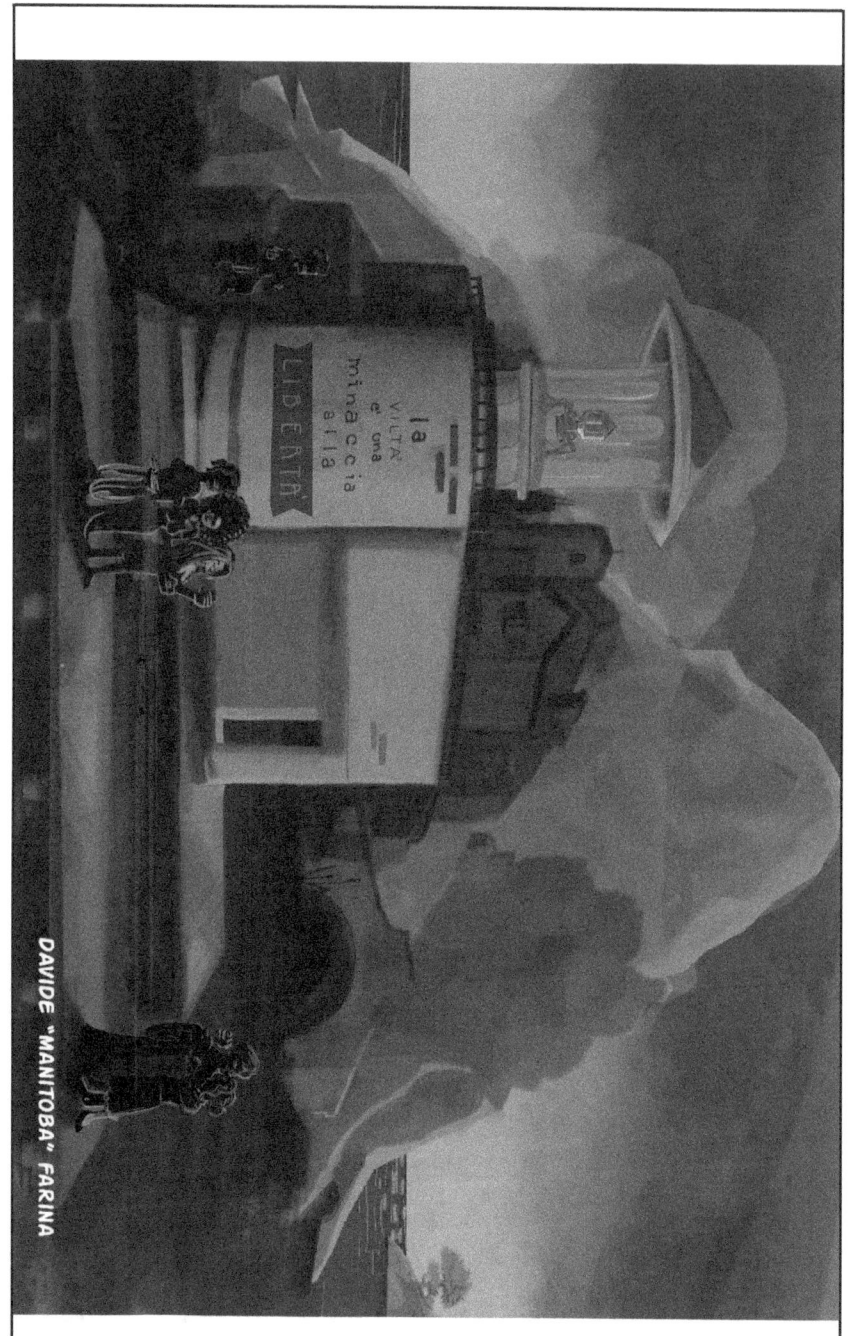

Illustrazione #11

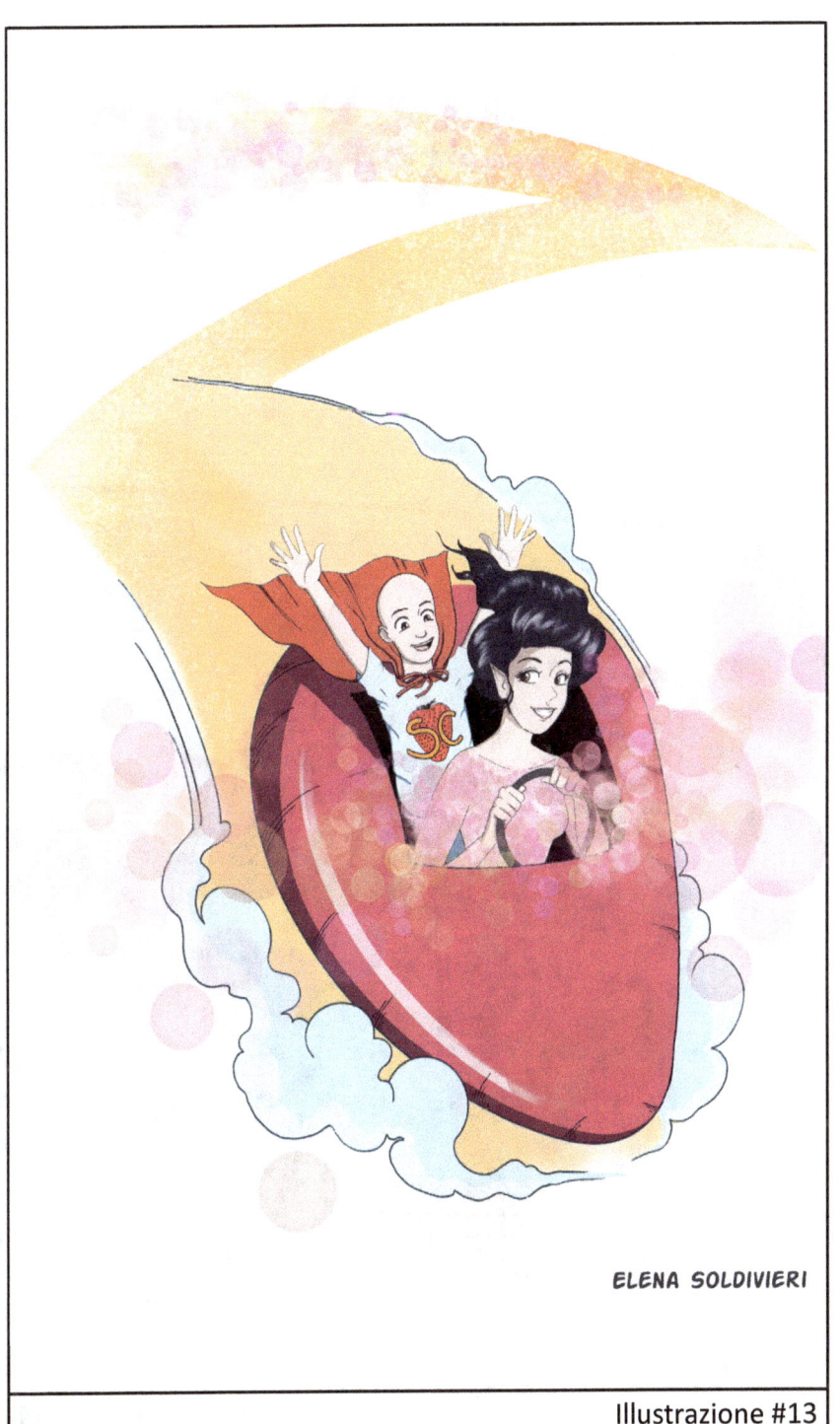

ELENA SOLDIVIERI

Illustrazione #13

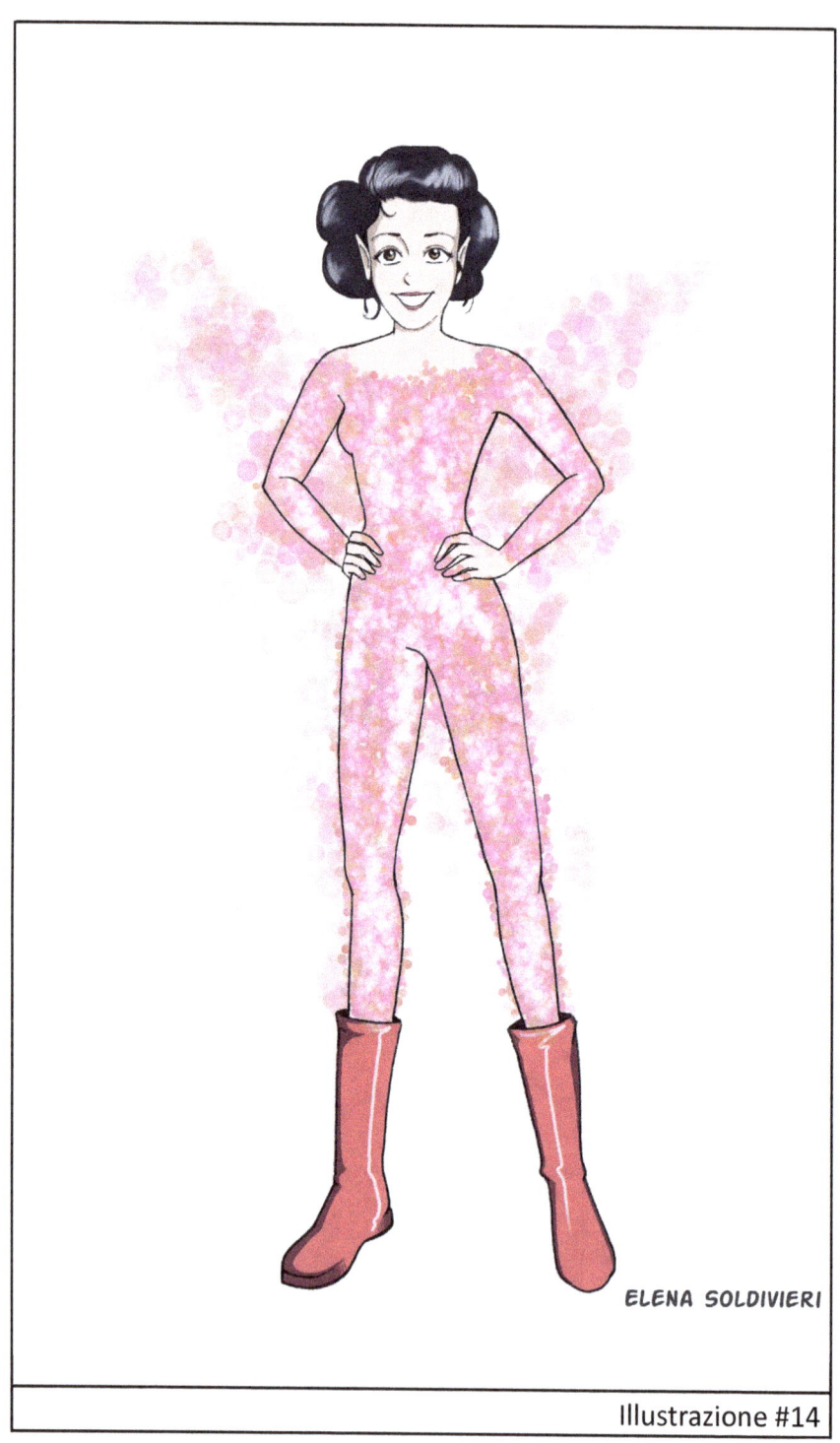

Illustrazione #14

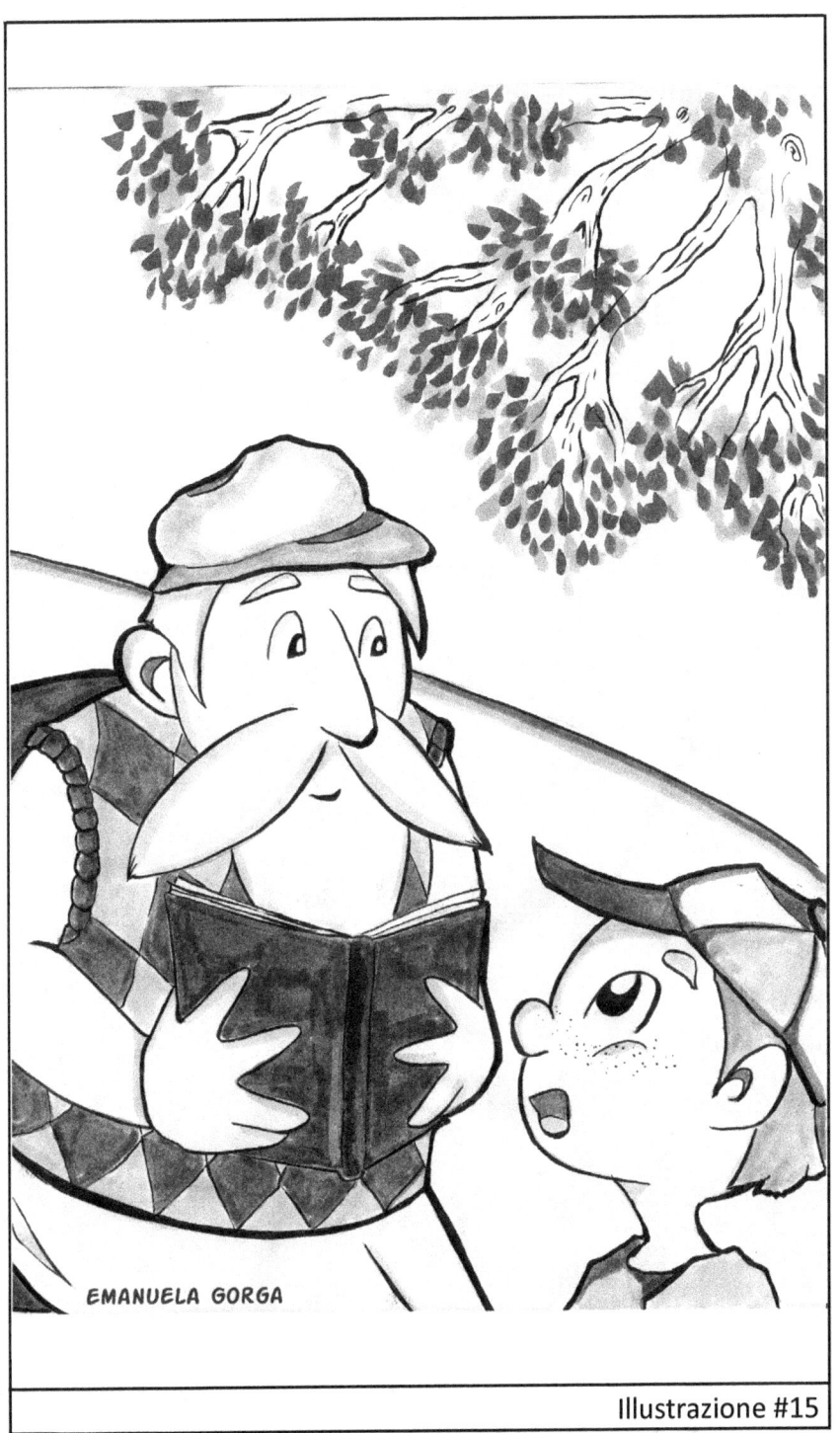

Illustrazione #15

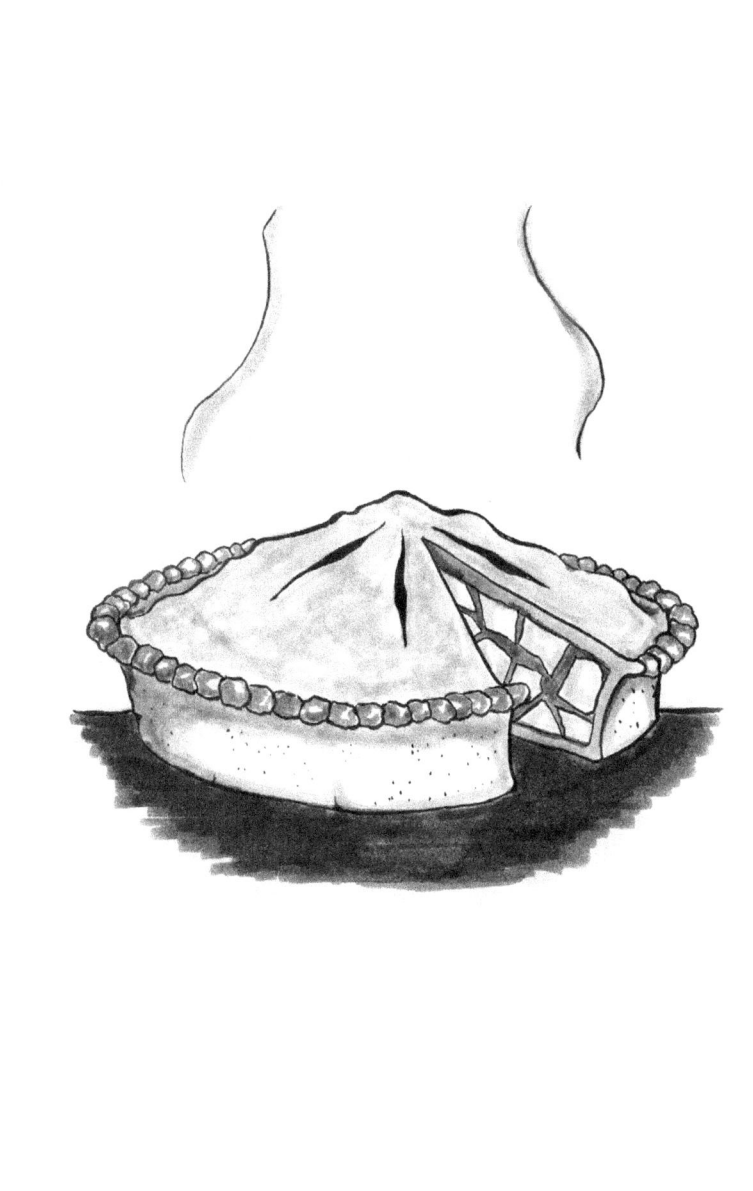

Illustrazione #16

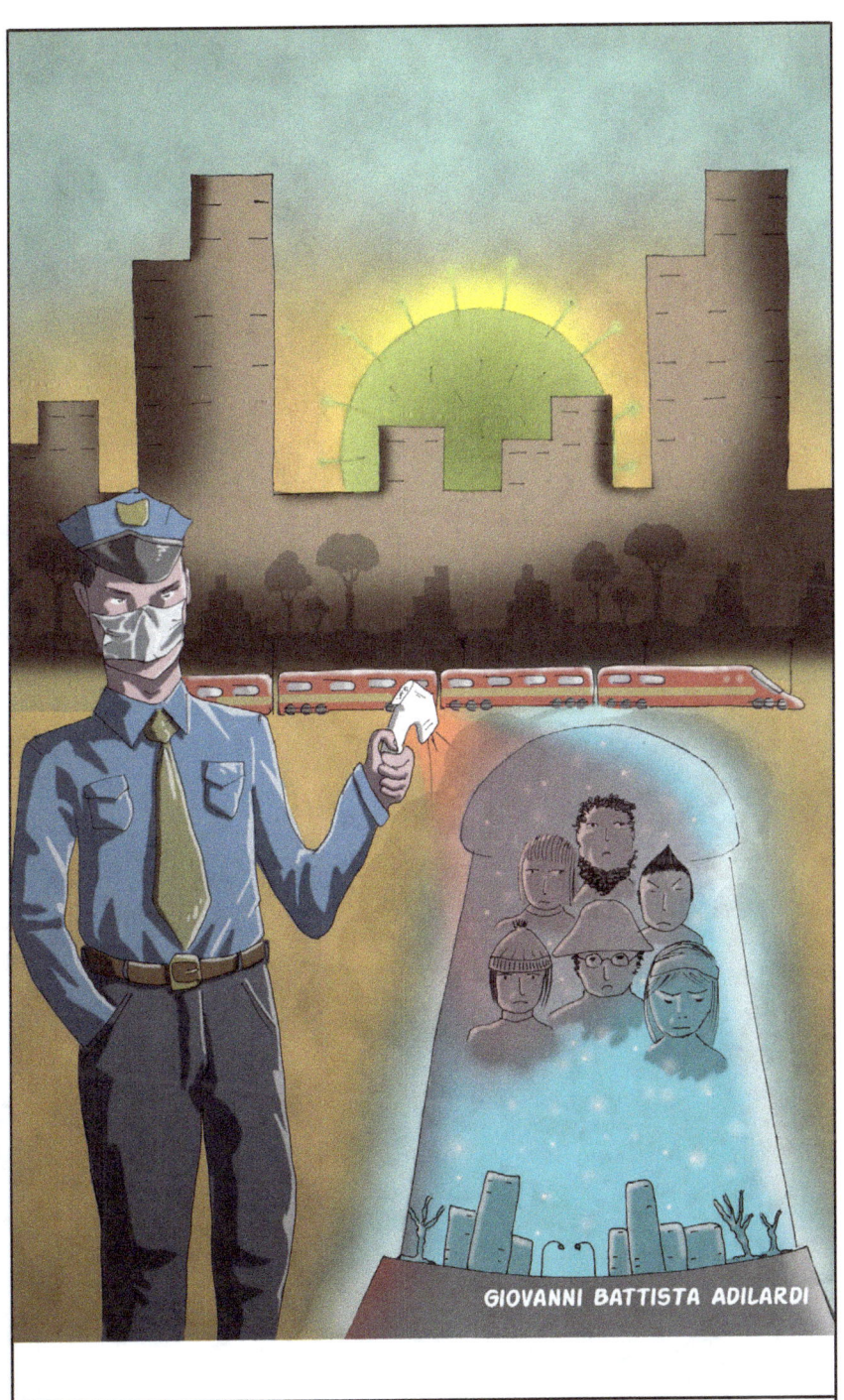

Illustrazione #17

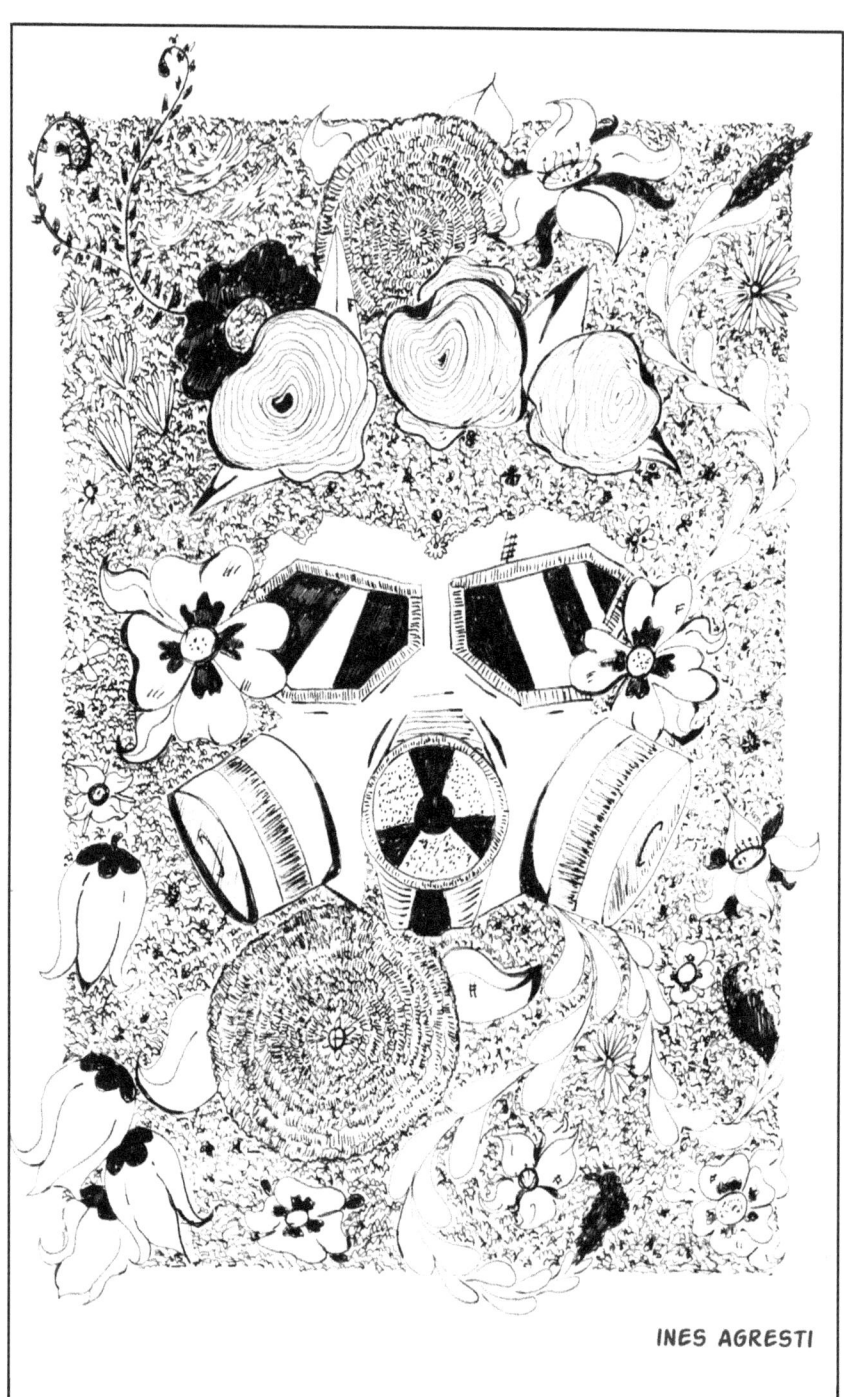

Illustrazione #18

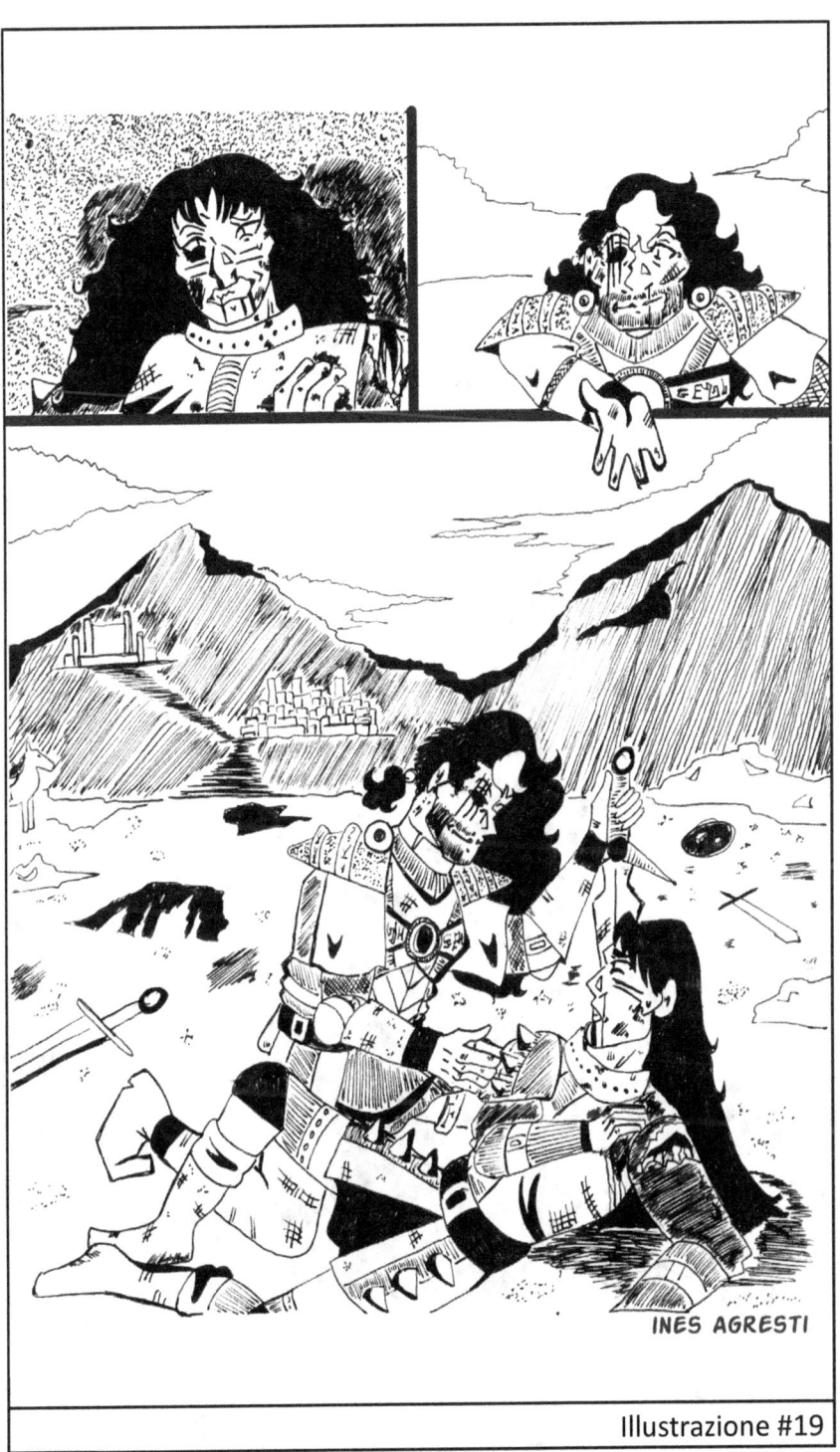

Illustrazione #19

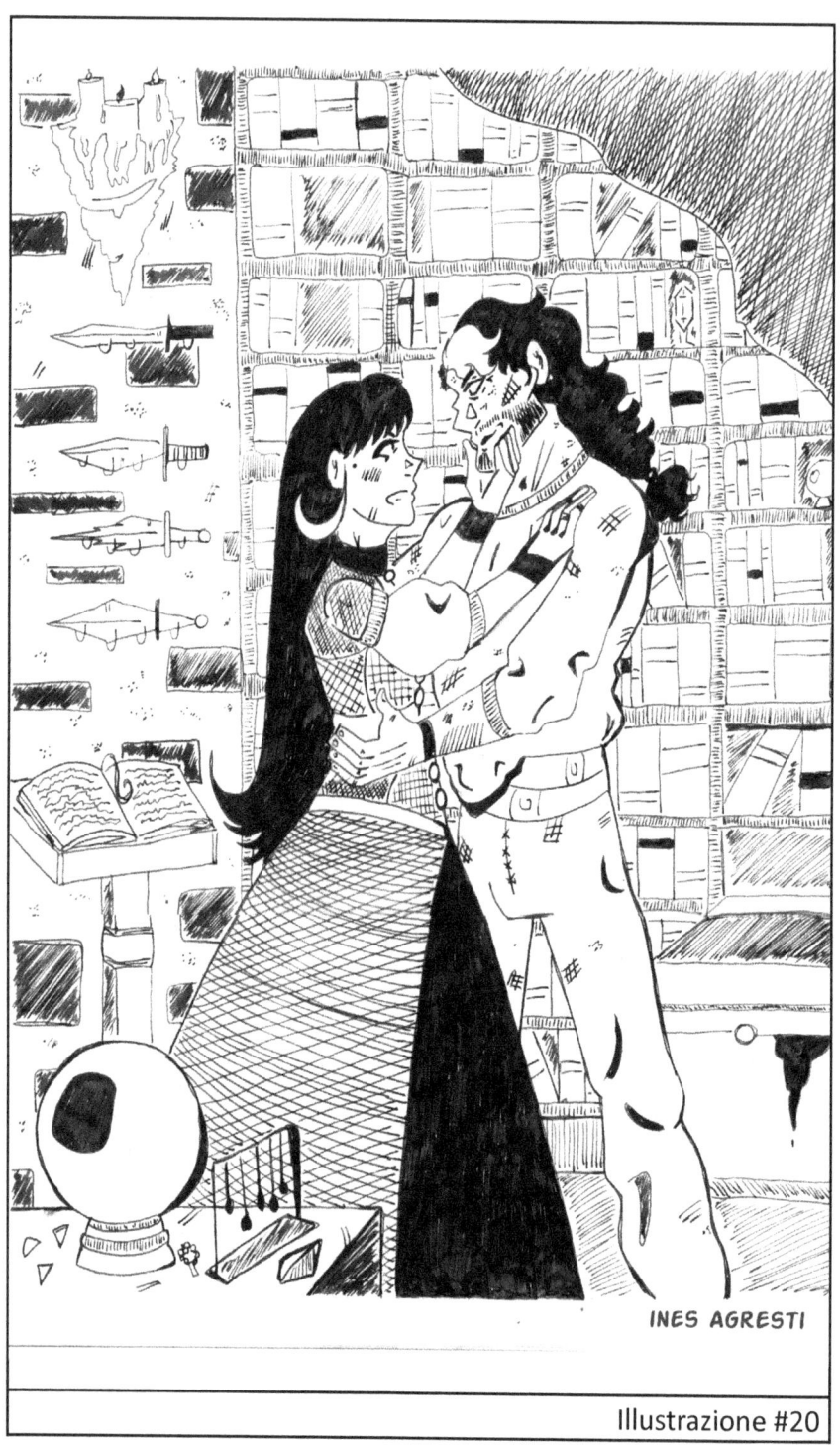

Illustrazione #20

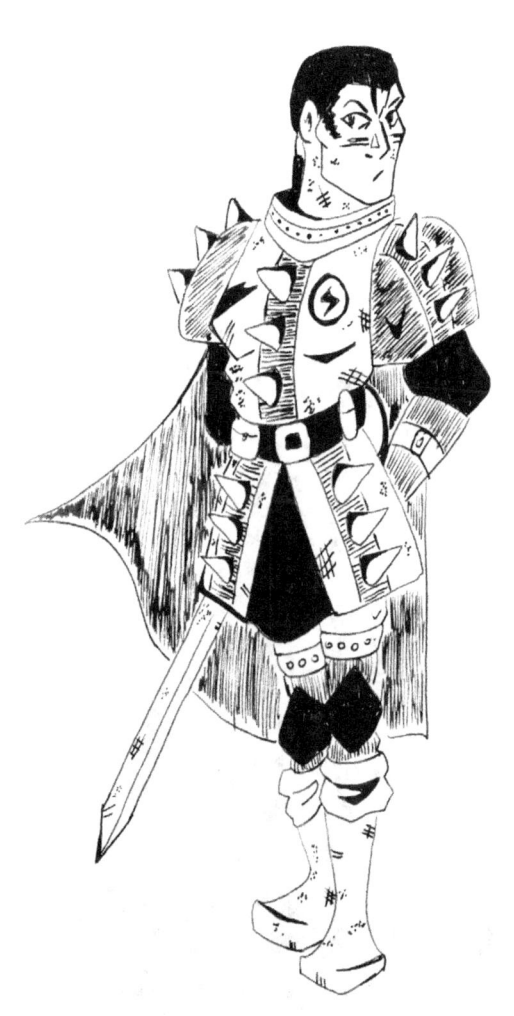

INES AGRESTI

Illustrazione #21

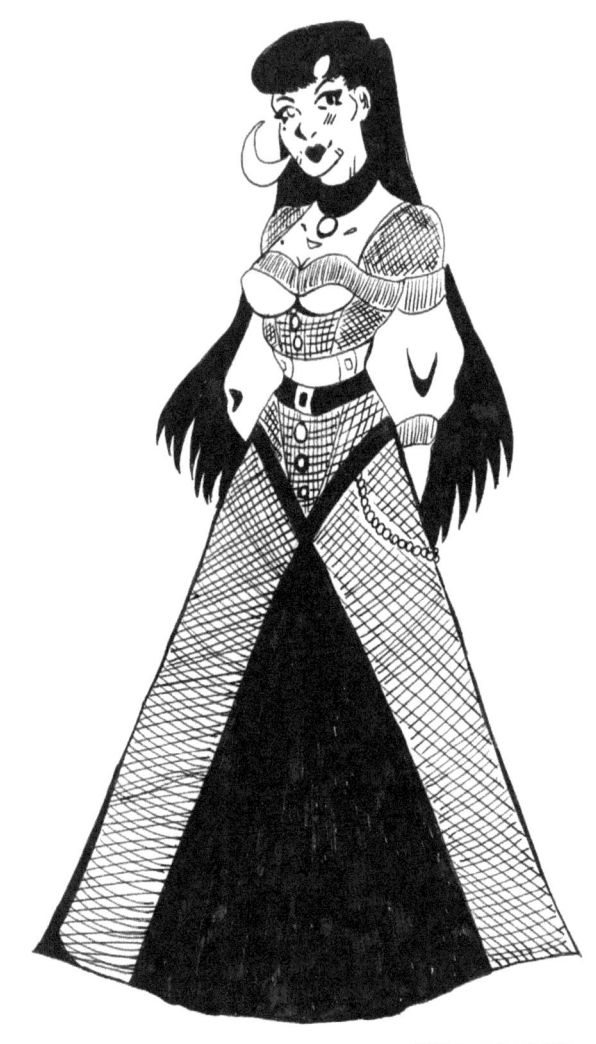

Illustrazione #22

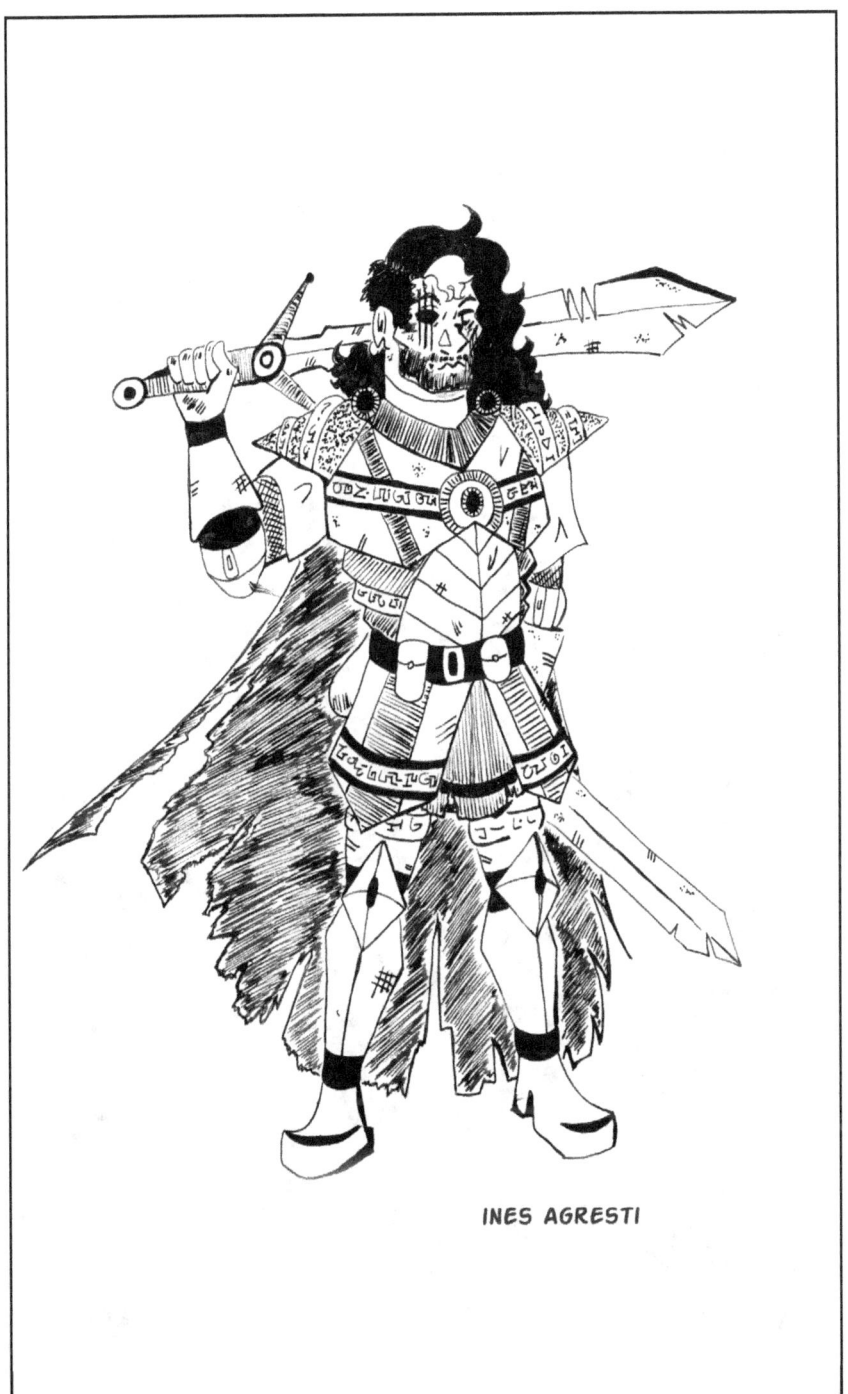
Illustrazione #23

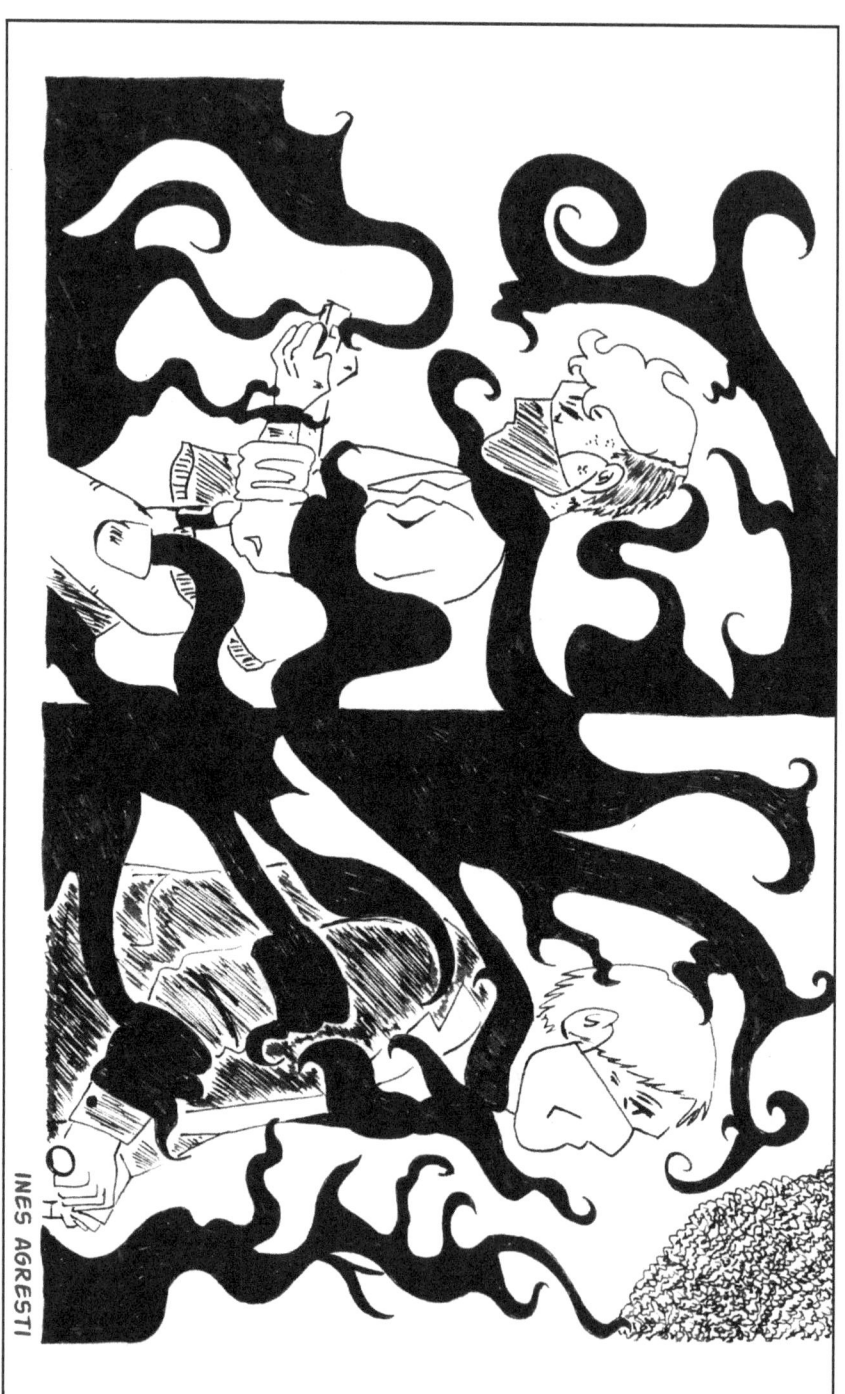

Illustrazione #24

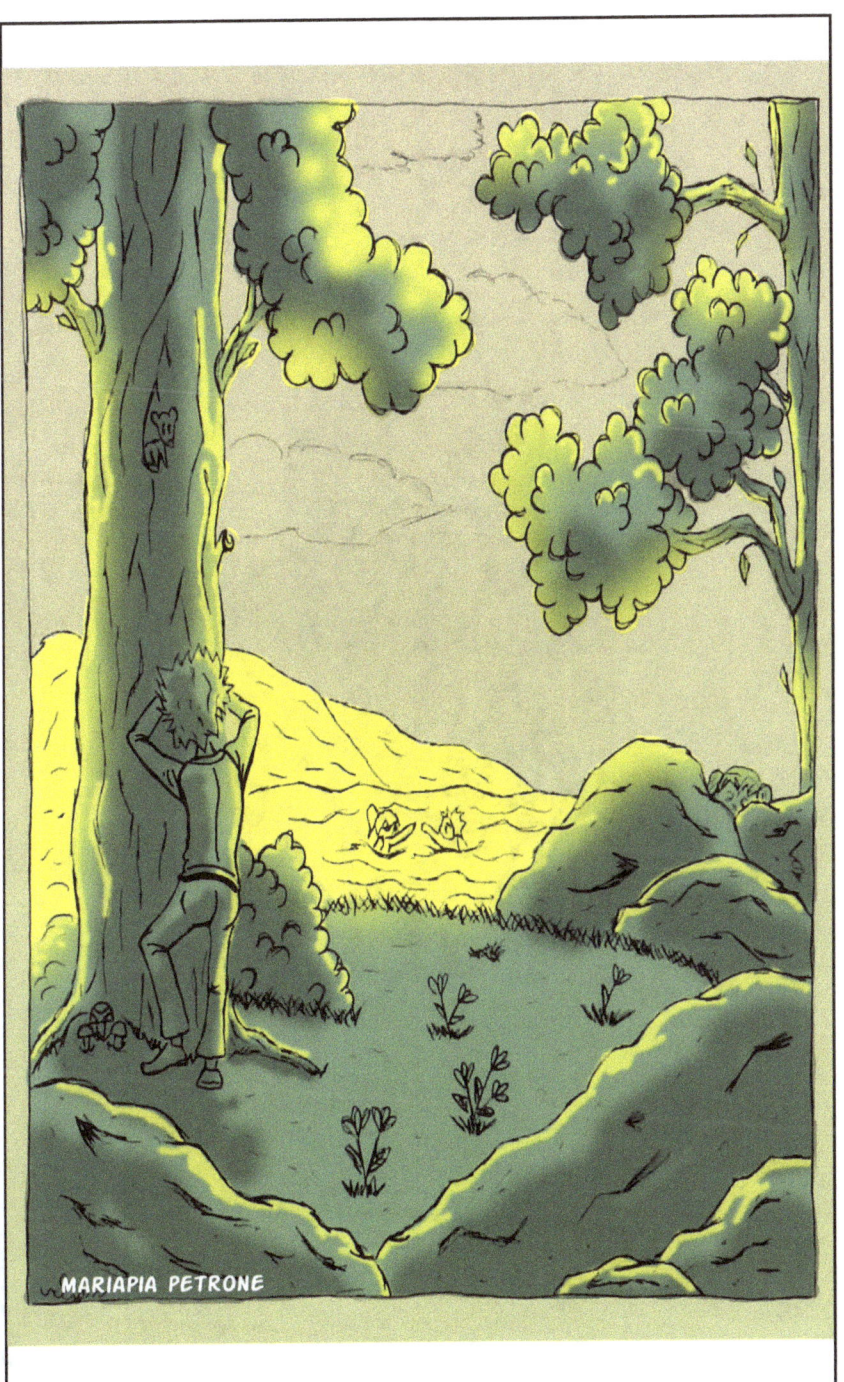

Illustrazione #25

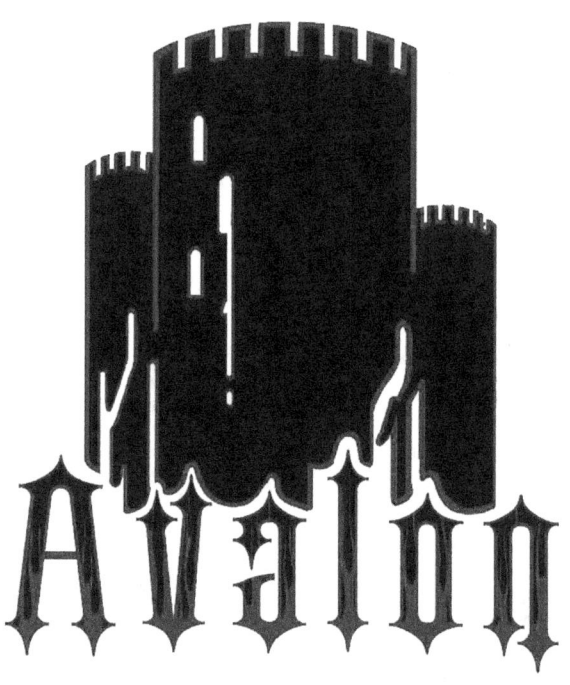

www.ingramcontent.com/pod-product-compliance
Lightning Source LLC
Chambersburg PA
CBHW060845220526
45466CB00003B/1245